KROATIENS
Küstenlandküche

Christina Brandauer | Manfred Burger

KROATIENS Küstenlandküche

Klassische Rezepte | Ausgewählte Lokale | Tipps für Segler

Steirische Verlagsgesellschaft

Mit freundlicher Unterstützung von VIPnet/Kroatien, Mobilkom/Österreich
und Restaurant *Konoba*, Wien

Idee und Konzept: Christina Brandauer und Manfred Burger, Wien
Grafik-Design und Produktion: Christina Brandauer, Wien, *brandauer@nextra.at*
Fotografie: Manfred Burger, Wien, *manfred.burger@gmx.at*
Foodstyling und Beratung: Meinrad Neunkirchner, Wien
Reproduktionen: Classic, Graz
Druck: Mladinska knjiga tiskarna, Ljubljana
Gesamtherstellung: Steirische Verlagsgesellschaft m. b. H.

ISBN 3-85489-083-4

Inhalt

FAST-FOOD
HAMBURGER
HOT DOG
SENDVIČ
Bavaria
HOLLAND
TOPLI

Vorwort

Zu Fast-food haben wir uns auf unseren Reisen nach Istrien, Dalmatien und in die Kvarner Bucht nicht hinreißen lassen – zu verlockend waren das generell fischorientierte, kulinarische Angebot und der Schluck spritzigen Weines in einer kühlen *konoba*. Neben dem Blick durch das Objektiv und entspannten Segeltörns, hat sich uns das mediterrane Kroatien primär über spezielle Gastwirtschaften und ihre sympathischen Wirte aufgetan, die keine Mühe gescheut haben, uns grandios zu bewirten und mit zahlreichen Geschichten und Informationen zu versorgen. Vielerorts haben wir positives Engagement und sanfte Neubesinnung, mit Rücksicht auf altbewährte Traditionen, wahrgenommen und ohne Zweifel unser Herz an dieses wild-schöne Land verloren, mit seiner ausgeprägten Küsten- und Insellandschaft und einer erfrischend bodenständigen Küche.

Die Auswahl der vorgestellten Lokale ist sehr persönlich. Selbstverständlich haben wir auf gängigen Qualitätsstandard geachtet und sind sowohl durch das Ambiente der Lokalität als auch durch die Schmackhaftigkeit der gebotenen Küche überzeugt worden – dennoch ist nicht auszuschließen, dass das Niveau der Speisen von der jeweiligen Tagesverfassung des Koches abhängt und auch Öffnungszeiten und Telefonnummern sich jederzeit ändern können.

Die Rezepte des Buches stammen ausschließlich aus kroatischen Quellen, haben aber einer vorsichtigen, persönlichen Interpretation und optischen Anpassung Stand halten müssen.

Wir wünschen guten Appetit!
Christina Brandauer und *Manfred Burger*

Zur Erklärung

1 EL	= 1 Esslöffel	Olivenöl	= Natives Olivenöl Extra
1 TL	= 1 Teelöffel	Salz	= vorzugsweise Meersalz
1 dl	= 1 Deziliter		= Variationstipp
1 MS	= 1 Messerspitze		= Kajütentipp

Die angegebene Garungsdauer der einzelnen Gerichte kann je nach Beschaffenheit des Kochherdes variieren.
Auf das in Kroatien standardmäßig verwendete, industrielle Gewürzmittel *Vegeta* haben wir verzichtet.
Den Begriff „kroatisches Küstenland" verwenden wir für die gesamte kroatische Küste einschließlich aller Inseln.

Istrien, Kvarner, Dalmatien: ein kulinarisches Streiflicht

Sind wir nicht auf der Suche nach der Konzentration auf das Einfache und Wesentliche? Wollen wir nicht Anteil haben an einer Lebenshaltung, die sich nach den Gegebenheiten der Erde und des Meeres richtet, aus natürlich Vorhandenem schöpft und auf den Lauf der Jahreszeiten achtet? Wenn auf der Insel Vis der erstklassige und selbstverständlich fangfrische Fisch schlicht mit Meersalz bestreut und auf einem Rost über offenem Feuer aus Weinrebenholz gegart wird, kommen wir dieser Sehnsucht ein Stückchen näher. Der dazu frisch gepflückte Salat aus dem Küchengarten vor dem Haus und im Steinofen gebackenes Brot lassen keinen Wunsch mehr offen. Geschmack pur.

Keine Frage, die einfache, mediterrane Küche des kroatischen Küstengebietes von Istrien über den Kvarner nach Dalmatien gewinnt ihren speziellen Reiz durch die Frische, die Bodenständigkeit und den unverfälschten Geschmack der Zutaten, der oft althergebrachten Zubereitung und archaisch anmutenden Garmethoden wie dem Braten in der Asche oder dem Kochen auf offenem Feuer. Die traditionell bäuerlichen Rezepte werden nach bestimmten Regeln zubereitet, orientieren sich am Angebot der umittelbaren Umgebung und reflektieren die klimatischen und geografischen Gegebenheiten der überwiegend kargen Küstenregion und die damit verbundene Lebenssituation ihrer Bewohner.

Das kroatische Küstengebiet teilt sich in die drei geografischen Räume Istrien, Kvarner und Dalmatien, die in sich zwischen den unzähligen Inseln (um die tausend sollen es sein), der Küste per se und dem schwerer zugänglichen, karstigen Hinterland des Gorski Kotar, der Lika und der dalmatinischen Zagora unterscheiden. Von Slowenien im Norden bis nach Makedonien im Süden zieht sich der größte Karst Europas, der Dinarische Karst. Zwischen seine breitflächigen Felslandschaften schieben sich von Flüssen ausgeräumte Tief- und Hochebenen, welche die Kargheit der Karstwildnis mit fruchtbarem Boden und saftigem Weideland auflockern.

Während Istrien und teils auch noch der Kvarner mit vielen ertragreichen, leicht bebaubaren *polje* (Karstfeldern) und dichtem Wald punkten können, wird ab Rijeka der oft nur schmale Küstenstreifen von gebiergig-unwegsamem Hinterland begrenzt, über das der kalte, heftige Wind der *bura* fällt, der auch die vielen vorgelagerten Inseln und ihre Menschen in Mitleidenschaft zieht. So kommt in Dalmatien die Nahrung vorwiegend aus dem Meer, aus oft mühsam bearbeiteter, steinig-roter Erde und von den salzhaltigen Schafweiden der Inseln. Die Notwendigkeit aus „dem wenigen mehr zu machen“, hat neben der selbstverständlichen Pflege und Nutzung eines Küchengartens zu einer tradierten Vorratsküche geführt, die noch heute Fische, Tintenfische und Fleisch zu trocknen und zu salzen weiß und das für

RECHTS:
Karte von Kroatien

JADRANSKO MORE
ZAGREB
RIJEKA
ZADAR
ŠIBENIK
SPLIT
DUBROVNIK
PULA
KARLOVAC
VARAŽDIN
KOPRIVNICA
BJELOVAR
VIROVITICA
SISAK
POŽEGA
SLAVONSKI BROD
KRK
CRES
RAB
LOŠINJ
PAG
UGLJAN
DUGI OTOK
PAŠMAN
KORNATI
ŠOLTA
BRAČ
HVAR
VIS
KORČULA
LASTOVO
MLJET
TRIESTE
ANCONA
PESCARA
BANJA LUKA
ZENICA
MOSTAR

DOMACE

das milde Klima typische Gemüse und Obst variantenreich einzulegen versteht.

Und hat die Unwirtlichkeit so mancher Teile des kroatischen Küstenlandes die Menschen etwas spröde und zurückhaltend gemacht, entbehren sie dennoch nicht der typisch mediterranen Einstellung zum Leben, die sich durch Gelassenheit, Lebensfreude und Großzügigkeit auszeichnet. Essen und Trinken werden so zu einem verbindenden, kommunikativen Erlebnis, die Menschen finden schnell und problemlos zusammen und nicht selten wird das Grillen am Rost oder Braten am Spieß als Form einer Lebensphilosophie zelebriert, bei der auch der Wein und ein gemeinsames Lied nicht fehlen dürfen.

Die Küche, und im Übrigen auch die Sprache, des kroatischen Küstenlandes spiegeln aber nicht nur die sehr elementare Lebenssituation ihrer Bewohner wieder, sondern auch die impulsgebenden Einflüsse der über Jahrunderte an der Region interessiert gewesenen Mächte wie Griechenland, Türkei, Frankreich, Österreich-Ungarn und vor allem Venedig. So lässt zum Beispiel Istrien für *Pasta*-Liebhaber keine Wünsche offen, während das Paradedessert Dalmatiens, die eiergelbe *rožata*, einer klassischen *Crème Caramel* sehr ähnlich ist, allerdings mit einem orientalischen Hauch Rosenwasser verfeinert. Auch Österreich-Ungarn und die Türkei haben mit *palačinke* und Blätterteiggebäck ihre süßen Spuren hinterlassen.

Grundlegend zu unterscheiden sind die istrische und die dalmatinische Küche. In Istrien, und auch im Kvarner, werden an der Küste viel Fisch, Meeresfrüchte, hausgemachte Teigwaren und Polenta gegessen, während im Landesinneren Würste mit Sauerkraut, dicke Gemüseeintöpfe, Pilze aller Sorten und Wild auf den Tisch kommen. Nicht zu vergessen der köstliche *istarski pršut* (luftgetrockneter Rohschinken), der sein ebenbürtiges Pendant im *dalmatinski pršut* findet. Die dalmatinische Küche kann als klassisch mediterran bezeichnet werden und basiert auf der Verwendung von Fisch, Olivenöl und Gemüse. Zusätzlich trennt sie sich in eine „weiße Linie" mit Knoblauch und Petersil und eine „rote Linie" mit Zwiebeln und Tomaten, die sich im *brodet*, dem beliebesten Fischeintopf an der gesamten Küste, wiederfindet. Fleisch, und im Besonderen Lammfleisch, kommt primär zu festlichen Anlässen auf den Tisch. „Auf der Insel Brač allerdings", sagt man, „essen die Leute besonders gerne Fleisch" und ebendort wird *vitalac* angeboten, ein äußerst ungewöhnliches Gericht. Lamminnereien werden in einen Lammdarm gefüllt, um einen langen Spieß gewickelt und über offenem Feuer gebraten. Eine spezifische Inselküche, welche am ausgeprägtesten auf der Insel Vis vertreten ist und sich durch die festlandsferne Lage und die Notwendigkeit zur Selbstversorgung erklärt. Und so holen die berühmten Fischer von Vis den besten Fisch aus dem Wasser, der zu seiner Vollendung nicht mehr braucht als ein bißchen Salz und heiße Glut.

LINKS:
Marktfrau in Zadar
Eisdiele in Kukljica
Olivenöl aus Murter
Gegrillte Sardinen
Biljana
In der Küche
Käsemann in Rovinj
Getrocknete Feigen
Brotverkäuferinnen in Split
NÄCHSTE SEITE:
Oktopus in der *peka*-Pfanne
Koch von der Insel Cres

Aus Garten, Feld und Wald

Wer durch Njivice in Krk spaziert, wird an manchen Tagen auf die junge, fröhliche *Sandra* treffen, die an ihrem improvisierten Marktstand frisch geerntetes Bauerngemüse aus Eigenbau anbietet. Dunkelgrüner Mangold, gefleckte Bohnenschoten und viel Petersil gesellen sich zu frisch gepflücktem Rucola, Radicchioköpfen und getrockneten Feigen. Durch den vom Großvater geerbten, in rotem Erdreich liebevoll angelegten Gemüsegarten ist *Sandra* zur Gärtnerin und Marktfahrerin geworden, die ihr saisonales Kontingent an Gemüsepflanzen mit Geduld und Liebe hegt und ganz zwanglos erstklassige, naturbelassene Qualität anbieten kann. Denn mag die Küche der kroatischen Küsten- und Inselregion in ihren Rezepten auch eine einfach-bäuerliche sein, so überzeugt sie durch die Frische und den authentischen und klaren Geschmack der Zutaten, sei es Fleisch, Fisch oder eben Gemüse. Kaum ein Haus ohne kleinen Küchengarten mit dem für den Mittelmeerraum typischen Gemüse- und Kräuterangebot und im Übrigen auch kaum ein als Familienbetrieb geführtes Lokal ohne eigene Direktbezugsquellen. Ein schneller Gang vor das Haus im Frühjahr und schon warten junge, noch ganz zarte Artischockenköpfe, knackig-hellgrüne Erbsenschoten und frisch geschnittene Jungzwiebeln auf ihre Verarbeitung zu *artičoki i graškom*, einem speziellen Frühlingsgenuss in Dalmatien.

In Istrien hingegen dreht sich das frühjährliche Gemüseleben vor allem um wild wachsenden, zartbitteren Spargel. Die filigrane Pflanze gedeiht besonders gut auf karstigen Böden, versteckt sich aber überall, unter Büschen, in Hecken und zwischen Weinreben, und wird eifrig gesucht und gesammelt. Zum Verzehr geeignet sind nur kurze 20 cm der langen dünnen Stängel, aber ihr außergewöhnlicher Geschmack entschädigt mühelos für das langwierige Suchen, vor allem in der perfekten Kombination mit einer flaumig-frischen Eierspeise. Auch Wildpflanzen wie Löwenzahn, Ruskus, wilde Zichorie, Sauerampfer und Fenchelkraut oder junge Rüben- und Kohlblätter finden ihren Weg in die Küche und werden in einer bunten Salatmischung als *mišancija* geschätzt.

VORHERIGE SEITE:
Landschaft in Istrien

Was wäre aber die kroatische Küstenlandküche ohne ihr Paradegemüse, den spinatähnlichen Mangold, der in Verbindung mit Olivenöl, Knoblauch und auch Kartoffeln unzählige Fisch- und Fleischgerichte begleitet. Der stärkste Verbrauch an Gemüse liegt im Übrigen bei der Kartoffel, die in jedem bäuerlichen Betrieb angebaut wird, eine enorme Sortenvielfalt aufweist und einfach grandios nach Kartoffel schmeckt. Beliebt sind auch die nahrhaften Hülsenfrüchte und zahlreiche Kohlgewächse. In der dalmatinischen *zelena maneštra*, der „Grünen Suppe" aus Cavtat, kommen mindestens drei Kohlsorten zum Einsatz und im Frühherbst steht der *kupus,* ein großer, grüner Kohlkopf auf langem, dünnen Stiel höchst auffällig in der südlichen Insellandschaft. Die harten Außenblätter werden als Ziegenfutter verwendet, die zarten Innenblätter, in Olivenöl gedämpft, als Gemüsegericht angeboten.

Neben Meerestieren bedient sich die Mittelmeerküche ja generell vieler pflanzlicher Zutaten wie Gemüse, Getreide, Obst und Olivenöl und kompensiert dadurch den oft durch geografische und klimatische Gegebenheiten bedingten Fleischmangel. Mit Ausnahme von Istrien bietet das eher karge, windgebeutelte kroatische Küstengebiet viel steinigen Boden und nur wenig saftiges Weideland und das streng gehütete, fruchtbare Erdreich wird umso intensiver für Gemüse- und Getreideanbau genutzt. Bemerkenswert sind die weitläufigen, niederen Steinmäuerchen, die kleine Felder, Weingärten und Olivenhaine einfrieden und im Laufe der Jahrhunderte zum Schutz gegen die kalte, stürmische *bura* und die fortschreitende Erosion des Bodens errichtet worden sind. Wer dem kargen Boden und den heftigen Winden allerdings beharrlich trotzt, sind die vielen, alteingesessenen Olivenbäume, die nach einer langen, unrühmlichen Periode der Vernachlässigung eine breit angelegte Renaissance erleben dürfen.

Was im Sommer und Herbst geerntet wird, soll auch im Winter genützt werden. So werden Paprika, Gurken, Kraut, kleine Zwiebeln, Kapern und grüne Tomaten nach traditionellen Rezepten auf saurer Basis eingelegt, vollreife Tomaten aber auch passiert, auf ein Holzbrett gestrichen und in der Sonne zu Tomatenmark getrocknet. Zum Trocknen auf Schnüre aufgereiht finden sich Pilze, die besonders im waldreichen Hinterland des Kvarner in großer Artenvielfalt vorkommen und von denen die qualitativ erstklassige istrische Trüffel am begehrtesten ist.

Auffallend wenig genutzt wird in der landläufigen kroatischen Küstenlandküche das breit gefächerte Angebot an wild wachsenden Gewürzkräutern, deren herber Duft allorts über der mediterranen Landschaft liegt. Außer den Standardzutaten Lorbeer und Rosmarin findet kaum ein anderes Kraut den Weg in die Küche, es sei denn zur Schnapsveredelung. Für den berühmten Kräuterschnaps *travarica* werden mindestens zweiundzwanzig unterschiedliche Gewürzkräuter angesetzt, darunter sogar wild wachsender Safran.

RECHTS:
Marktstand in Rovinj
Gemüsegarage in Pašman

naturane

RAKIJA
TRAVARICA
VINO
PROSEK

ALBERTO FORTIS (1741–1803)

Ackerbau und Gartencultur

„Die Pflugochsen haben auf diesen dalmatischen Inseln wenig zu thun; denn die Cultur und Urbarmachung des Bodens bleibt fast ganz den starken und fleißigen Armen der Menschen überlassen. Diese müssen zuerst ein Terrain, das zum Anbau bestimmt ist, ganz von den herumliegenden großen und kleinen Steinbrocken befreien und dieselben zu Mauern oder Steindämmen anhäufen, mit denen sie das kleine Feld umgeben, abgrenzen und schützen. Gewöhnlich haben diese künstlich geschaffenen Felder eine kreisrunde oder elliptische Figur und werden von den Insulanern *Coronali*, Kranzfelder, genannt. Es giebt innerhalb der Umzäunung hie und da große Blöcke, Gipfel und Platten, welche sich nicht so leicht bewegen lassen, weil sie entweder zu schwer sind, oder mit der ganzen Masse des Gesteins, das den Körper des Landes bildet, zusammenhängen. Diesen plumpen Blöcken wird nun mit allen Arten von Instrumenten und Arbeiten der Krieg erklärt, und man begreift leicht, wie viel Zeit und Schweiß solche Vorbereitungen kosten. Die kleinen Cultur-Terrains von äußerst geringem Umfange, die man auf jenen Inseln hie und da liegen sieht, erforderten, um für den Anbau vorbereitet zu werden, ohne Zweifel vier- oder fünfmal so viel Mühe als ein vier- oder fünfmal besseres und größeres Terrain in der Lombardei. Das Wasser fehlt auf diesen Inseln durchweg in eben so hohem Grade wie auf dem Karst bei Triest und wie auf allen dalmatischen Küsten, und die Bora oder Nordostwind, der mit Gewalt von den Gebirgen Kroatiens und der Morlachei herabbraust, ist ihr großer Feind und Zerstörer. Um dem Mangel des Wassers so viel als möglich zu begegnen und den tödtlichen Hauch der Bora möglichst unschädlich zu machen, befleißigen sich die Insulaner bei jeder Rebe, die sie pflanzen, einen kleinen Berg von Erde und Steinen zu bereiten, der die Wurzeln in der Zeit der größten Trockenheit frisch erhält und zugleich dazu dient, in der Winterszeit den Rebstock ganz zu verdecken. Dazu pflanzen sie die Reben so dicht wie die Lombarden ihren Mais und halten sie ganz niedrig am Boden, indem sie ihnen von Jahr zu Jahr die Zweige abschneiden, damit das Ganze ein dichtes, niedriges und widerstandsfähiges Gebüsch bilde. Sie gebrauchen daher auch keine Pfähle oder anderweitige Stützen, um die Reben daran zu binden. Die Kunst, die Oliven, die häufig neben dem Weine in jenen kleinen *Coronali* der Inseln stehen, zu reinigen, zu beschneiden, auszuholzen und von ihren Krankheiten zu heilen, ist auf einigen dalmatischen Inseln in neuerer Zeit auf den Höhepunkt der Vollkommenheit gelangt. Auch die Oliven halten sie der Bora wegen und um viel Schatten zu erzeugen, ganz niedrig, wie die Weinstöcke. Selten pflanzen sie Oliven und Weinstöcke vermischt in denselben *Coronali*. Gewöhnlich haben sie besondere *Coronali* für die Oliven, besondere für den Wein und wieder besondere für das wenige Getreide, das sie bauen."

LINKS:
Steinmauern auf Cres
NÄCHSTE SEITE:
Artischocke
Wilder Spargel
Zwiebeln
Feld in Istrien
Tomatenkiste

LA VERA FRUTTA
DI ROMAGNA

Feigen mit Mandeln
Smokve s mindulima

Im Herbst, wenn die ersten Feigen getrocknet sind, werden sie auf der Insel Hvar mit Mandeln gefüllt und zu einem Gläschen *Rožolin* (Rosenlikör) oder *Travarica* (Kräuterschnaps) serviert.

Für 4 Personen:
15 kleine getrocknete Feigen
15 Mandelkerne

Den Feigenstiel abschneiden und pro Feige einen Mandelkern in die so entstandene Öffnung schieben.

Mandel-Feigen verbinden sich ganz ausgezeichnet mit einem Manöverschluck.

Gemüsepastete mit Ajvar →
Pašteta od povrća s ajvarom

Für 4 Personen:
2 grüne Spitzpaprika, 1 roter Paprika
1 großer Zucchino, 1 mittlere Melanzana
2 Knoblauchzehen, zerdrückt
2 EL Kapern, gehackt
frisches Basilikum, gehackt
Salz, Pfeffer aus der Mühle
Olivenöl zum Herausbraten
1 Glas Ajvar (Paprikamus), im Handel erhältlich
Gelee: 1/4 l leichte Rindsuppe, 3 Blatt Gelatine

1 Das Gemüse waschen. Die Paprika entstielen, aushöhlen und im Backrohr bei 220° unter Wenden 15–20 Minuten braten, bis die Haut dunkle Blasen wirft. Abkühlen lassen und die Haut abziehen.
2 Die Paprika in Viertel, den Zucchino und die Melanzana in 3–5 mm dicke Scheiben schneiden. In einer Pfanne das Olivenöl erhitzen und die Zucchino- und Melanzanascheiben portionsweise weich braten. Herausheben und auf Küchenpapier gut abtropfen lassen.
3 Die abgetropften Gemüsescheiben und die Paprikaviertel salzen, pfeffern und abwechselnd mit dem zerdrückten Knoblauch, den gehackten Kapern und dem Basilikum in 4 kleine Auflaufförmchen schichten.
4 Die Rindsuppe mit den Gelatineblättern aufkochen, etwas abkühlen lassen und über die geschichteten Gemüsescheiben gießen. Einige Stunden kalt stellen.
5 1/2 Stunde vor dem Servieren aus dem Kühlschrank nehmen. Auf Teller stürzen und mit Ajvar servieren.

Ivanka Markulin von der Insel Ugljan bevorzugt die einfache Zubereitung dieses Gerichtes – als Vorspeise oder als sommerliche Hauptspeise in Begleitung von frischem, knusprigem Weißbrot.
Die Gemüse in Scheiben und Viertel schneiden und in Sonnenblumenöl weich braten. Auf Küchenpapier gut abtropfen lassen, salzen, pfeffern und abwechselnd mit den gehackten Kapern und dem zerdrückten Knoblauch in eine große Form schichten. Mit Olivenöl großzügig begießen und einige Stunden ziehen lassen.

Marinierte Champignons
Marinirani šampinjoni

Für 4 Personen:
1 kg kleine Champignons
4 Schalotten, gehackt
2 Knoblauchzehen, fein gehackt
1 dl milder Weißweinessig
1/4 l Olivenöl
1 Lorbeerblatt
2 Thymianzweiglein
1 MS Cayennepfeffer
Salz, Pfeffer aus der Mühle

1 Die Champignons putzen und vierteln bzw. in dicke Scheiben schneiden. In kochendem Salzwasser 1 Minute blanchieren, abgießen und auf Küchenpapier sehr gut abtropfen lassen.
2 In einer Pfanne das Olivenöl erhitzen und die Schalotten und den Knoblauch anbraten. Mit dem Weinessig ablöschen, das Lorbeerblatt, die Thymianzweiglein, Salz und den Cayennepfeffer zufügen und einige Minuten köcheln lassen.
3 Die Champignons in eine flache Schüssel geben, etwas salzen, pfeffern und mit der lauwarmen Marinade übergießen. Über Nacht ziehen lassen.

Rucolasalat mit Steinpilzen
Salata od rukola s gljivama

Besonders gut schmeckt dieser Salat mit *Paški sir*, dem typischen Schafskäse von der Insel Pag.

Für 4 Personen:
150 g Rucola
250 g frische Steinpilze oder Champignons
1/2 Bund Frühlingszwiebeln
1 Spritzer Zitronensaft
2 EL Olivenöl
50 g *paški sir* (Pecorino oder Parmesan), gehobelt
Marinade:
1 sehr kleine Knoblauchzehe, zerdrückt
1 EL Rotweinessig oder Balsamicoessig
3 EL Olivenöl
1 EL Petersil, fein gehackt
Salz, Pfeffer aus der Mühle

1 Den Rucola waschen, trocken tupfen und in mundgerechte Stücke zerpflücken.
2 Für die Marinade den Knoblauch und Pfeffer mit dem Essig vermischen. Nach und nach unter Rühren das Olivenöl zufügen.
3 Die Frühlingszwiebeln waschen, halbieren und fein schneiden. Die frischen Pilze mit einem Messer vorsichtig putzen und in dicke Scheiben schneiden. Das Olivenöl erhitzen und die Frühlingszwiebeln und die Pilze kurz anbraten. Leicht salzen und mit einem Spritzer Zitronensaft abschmecken.
4 Den Rucola in eine flache Schüssel geben, salzen und mit der Marinade sanft vermengen. Die angebratenen Zwiebeln und Pilze und den Petersil unterheben und mit dem gehobelten *paški sir* bestreuen.

Wenn die Pilze sehr frisch sind, verwende ich sie im Salat gerne roh. Dazu wasche ich in lauwarmen Wasser junge Löwenzahnblätter, hacke eine Schalotte klein und schneide die geputzten Pilze in sehr dünne Scheiben. Den Salat mariniere ich mit 1 EL Zitronensaft, einem Hauch Knoblauch, 4 EL Olivenöl, Salz, Pfeffer und 1 EL fein gehacktem Petersil.

Radicchiosalat mit Bohnen, Kartoffeln und Eiern

Salata od radića, graha, krumpira i jaja

In Istrien ist Radicchio ein beliebtes Salatgemüse und wird sowohl frisch als auch gekocht verwendet.

Für 4 Personen:
1 mittlerer Kopf Radicchio, 4 Kartoffeln
2 Hand voll weiße Bohnen, weich gekocht
2 harte Eier, geachtelt
1 kleine Knoblauchzehe, zerdrückt, 1/2 TL scharfer Senf
2 EL Weißweinessig, 6 EL Olivenöl
Salz, Pfeffer aus der Mühle, 1 EL Petersil, fein gehackt

1 Die Kartoffeln kochen, schälen und lauwarm in Scheiben schneiden. Für die Marinade die Knoblauchzehe, den Senf und den Pfeffer mit dem Essig vermischen. Nach und nach unter Rühren das Olivenöl zufügen.

2 Den Radicchio waschen, trocken tupfen und in mundgerechte Stücke zupfen. Die Bohnen, Kartoffelscheiben und Eier unterheben, salzen und mit der Marinade und dem Petersil vermengen. Ziehen lassen.

Nudeleintopf mit Bohnen Pasta fažol

Für 4 Personen:
300 g kleine, vorzugsweise rote Bohnen
150 g kleine Nudeln (z. B. Ditalini)
70 g Bauchspeck, gewürfelt
1 Zwiebel, gewürfelt
2 Knoblauchzehen, fein gehackt
1 Selleriestange, gewürfelt
1 Karotte, gewürfelt
3 EL Olivenöl
1 EL Tomatenpüree
1 Lorbeerblatt
1 Zweiglein frisches Bohnenkraut
etwas geriebene Zitronenschale (unbehandelt)
1 MS Zimt
2 EL Petersil, fein gehackt
1 Spritzer Weißweinessig
Salz, Pfeffer aus der Mühle

1 Die Bohnen über Nacht einweichen.
2 Das Einweichwasser abschütten und die Bohnen in 1 1/2 l frischem Wasser zum Kochen bringen. Das Lorbeerblatt und die geriebene Zitronenschale zufügen und die Bohnen auf mittlerer Flamme ca. 1 Stunde weich garen. Eventuell von Zeit zu Zeit etwas Wasser nachgießen. 10 Minuten vor Garungsende die Sellerie- und Karottenwürfel zufügen.
3 In der Zwischenzeit in einer Pfanne das Olivenöl erhitzen und die Speck- und Zwiebelwürfel und den Knoblauch anbraten. Mit dem Bohnenkrautzweiglein zu den halbgaren Bohnen geben.
4 Zum Ende der Garzeit Salz, Zimt, das Tomatenpüree und die Nudeln zufügen und weich kochen. Den Petersil einrühren und mit Pfeffer und 1 Spritzer Weißweinessig abschmecken.

Beilage: frisches Weißbrot

Zur Abwechslung verwende ich anstelle des Petersils frisches Basilikum und runde die *pasta fažol* mit ein paar Tropfen Balsamicoessig ab.

Tomatensuppe Juha od rajčice

←

Die kroatische Version der Tomatensuppe wird meist mit Reis kombiniert.

Für 4 Personen:
1 kg reife Tomaten
1/2 Bund Frühlingszwiebeln
1 Knoblauchzehe, gehackt
2 EL Butter
1 Schuss Weißwein
1/2 l leichte Rind- oder Gemüsesuppe
3 EL Obers
1 Prise Zucker nach Bedarf
Thymianblättchen
Salz, Pfeffer aus der Mühle
optional: 100 g Reis

1 Die Tomaten waschen und in kleine Stücke schneiden.
2 Die Frühlingszwiebeln putzen und fein schneiden. In einem Topf die Butter erhitzen und zuerst die Frühlingszwiebeln und dann den Knoblauch anbraten. Mit einem Schuss Weißwein ablöschen. Die Tomatenstücke zufügen, salzen, verrühren und 5 Minuten schmoren lassen. Mit der Suppe aufgießen und ca. 40 Minuten köcheln lassen.
3 Die Suppe durch ein Sieb oder die Flotte Lotte passieren, das Obers zufügen und mit Salz, Pfeffer, einer Prise Zucker nach Bedarf und den Thymianblättchen abschmecken. Noch einmal kurz aufkochen und vor dem Servieren mit dem Pürierstab aufmixen.
4 Bei Bedarf der Suppe 100 g gekochten Reis zufügen.

Beilage: frisches Weißbrot oder getoastete Weißbrotscheiben, die mit einer frischen Knoblauchzehe sanft eingerieben werden.

Radicchio aus der Pfanne
Radić iz tave

Für 4 Personen:
4 kleine Radicchioköpfe
2 mittlere Zwiebeln
2 Knoblauchzehen, fein gehackt
1 dünne Scheibe durchwachsener Speck
6 EL Olivenöl
1 Spritzer Zitronensaft
Salz, Pfeffer aus der Mühle

1 Die Radicchioköpfe waschen, trocknen und vierteln. Die Zwiebeln achteln. Die Scheibe Speck in dünne Streifen schneiden.
2 In einer Pfanne 4 EL Olivenöl erhitzen und die Zwiebelachtel und die Speckstreifen anbraten. Die Radicchioviertel zufügen und unter Wenden 5–8 Minuten braten. Salzen, pfeffern, das restliche Olivenöl dazugeben und mit 1 Spritzer Zitronensaft abschmecken.

Zucchinigemüse Tikvice

Auf der Insel Hvar, beim Weinbauern *Ivica Duboković*, haben wir dieses schlichte Gemüsegericht als Beilage zu einem köstlichen Fischbrodetto gegessen. Es werden die jungen, zartgrünen Kürbisfrüchte verwendet.

Für 4 Personen:
1 kleine Zwiebel, grob gehackt
3 mittlere Zucchini
2 Hand voll Bohnenschoten
1 Knoblauchzehe, zerdrückt
3–4 EL Olivenöl
Salz, Pfeffer aus der Mühle

1 Die Zucchini und die Bohnenschoten putzen. Wasser zum Kochen bringen und die Zucchini und die Bohnenschoten im Dämpfeinsatz bissfest garen. In Stücke schneiden.
2 In einer Pfanne 1 EL Olivenöl erhitzen, die Zwiebeln goldgelb braten und den Knoblauch kurz anrösten. In einer Schüssel mit den Zucchini- und Bohnenschotenstücken vermengen, salzen, pfeffern und die restlichen 2 EL Olivenöl einmischen. Lauwarm servieren.

Mangold mit Kartoffeln →
Blitva s krumpirom

Der spinatähnliche Mangold ist ein äußerst beliebtes Gemüse. Er wird zu Fischgerichten, aber auch zu Lammfleisch gereicht.

Für 4 Personen:
500 g Mangold
4 mittlere Kartoffeln
1–2 Knoblauchzehen, zerdrückt
6 EL Olivenöl
Muskat, gerieben
Salz, Pfeffer aus der Mühle

1 Die Kartoffeln kochen, schälen und warm stellen.
2 In der Zwischenzeit den Mangold gut waschen und die Blätter von den Stielen trennen. Die harten Fäden an der Außenseite der Stiele abziehen und Blätter und Stiele getrennt in kleine Stücke schneiden. In kochendem Salzwasser zuerst die Stiele ca. 3 Minuten garen, dann die Blätter zufügen und das Gemüse weitere 3 Minuten garen. Der Mangold soll bissfest sein. Abgießen.
3 Die Kartoffeln in Stücke schneiden oder nur leicht zerdrücken, salzen und mit dem Mangold, dem Knoblauch und dem Olivenöl vermengen. Mit Salz, Pfeffer und Muskat abschmecken.
4 Mit einem Esslöffel Nockerl portionieren.

Für ein reines Mangoldgemüse brate ich zerdrückten Knoblauch und klein geschnittenen Mangold in Olivenöl an, lösche mit einem Schuss Weißwein ab, dünste das Gemüse bissfest und schmecke es mit Salz, Pfeffer, 1 Spritzer Zitronensaft und Muskat ab. Passt ausgezeichnet zu Fisch.

Kartoffeln mit Salbeiblättern
Krumpir s kaduljom

Für 4 Personen:
8–10 mittlere Kartoffeln
10 frische Salbeiblätter
2 EL Olivenöl
etwas Zitronensaft
Salz, Pfeffer aus der Mühle

1 Die ungeschälten Kartoffeln waschen, trocken tupfen, der Länge nach etwa 1 cm tief einschneiden und 1 frisches Salbeiblatt hineinstecken.
2 Das Olivenöl mit dem Zitronensaft, Salz und Pfeffer gut vermischen und die Kartoffeln damit einstreichen. Im vorgeheizten Backrohr bei 180° ca. 45 Minuten braten. Hin und wieder wenden.

Kartoffeln Rozario
Krumpir Rozario

Unser Freund *Rozario* aus Zadar hält nichts von aufwendigen Kartoffelgerichten und zieht eine schlichte Variante vor. Verständlich, bestechen doch die Kartoffeln dieser Gegend durch ihre Schmackhaftigkeit.

So viel Kartoffeln wie gewünscht waschen, schälen und halbieren. Im auf 200° vorgeheizten Backrohr knusprig braten. Mit einer Gabel zerdrücken, salzen und mit kalt gepresstem Olivenöl vermischen.

Am Hafenmarkt Bauernkartoffeln und eine Flasche kalt vor Ort gepresstes Olivenöl erstehen und den Kartoffeln Rozario steht nichts mehr im Wege.

Kartoffelnockerl
Njoki od krumpira

Die aus Italien gut bekannten Gnocchi finden sich in Kroatien als etwas größer geformte *njoki* wieder und werden vor allem zu Fleischspeisen serviert.

Für 4 Personen als Hauptspeise:
1 kg mehlige Kartoffeln
200–250 g Mehl
2 Eier, 1 EL zerlassene Butter
etwas Muskat, gerieben
1 gehäufter TL Salz

1 Die Kartoffeln kochen, schälen, abkühlen lassen und durch die Kartoffelpresse drücken. Mit dem Mehl, den verquirlten Eiern, der zerlassenen Butter, dem Muskat und Salz rasch zu einem Teig kneten, der nicht mehr an den Händen kleben soll. Bei Bedarf etwas Mehl zufügen. 1/2 Stunde rasten lassen.
2 Auf einer gut bemehlten Arbeitsfläche aus dem Teig fingerdicke Rollen formen und in 2–3 cm lange Stücke schneiden. Die Stücke mit Hilfe einer Gabel in typischer Weise formen.
3 Portionsweise in einen weiten Topf mit kochendem Salzwasser geben und ca. 3 Minuten gar ziehen lassen. Sobald die *njoki* hochsteigen, sind sie fertig.

Für kompaktere *njoki* verwende ich eine Mischung aus 150 g griffigem Mehl und 100 g Stärkemehl.

Kartoffeln vom Blech Pečeni krumpir

Die Kartoffeln in Kroatien schmecken auf Grund ihres kleinbetrieblichen Anbaues besonders gut und die Insel- und Küstenbewohner übertreffen sich gegenseitig in der Lobpreisung ihrer regionalen Kartoffelsorten.

Für 4 Personen: 1 kg Kartoffeln, 2 geachtelte Zwiebeln, Olivenöl, frische Kräuter wie Thymian, Rosmarin, Oregano, Salz und Pfeffer aus der Mühle

1 Die Kartoffeln waschen, schälen und in 3–5 mm dicke Scheiben schneiden. Dachziegelförmig auf ein mit Olivenöl gefettetes Blech oder in eine Form legen. Salzen, pfeffern und die aufgefächerten Zwiebelachtel auf den Kartoffelscheiben verteilen. Mit den frischen Kräutern bestreuen und mit Olivenöl beträufeln.

2 Im auf 200° vorgeheizten Backrohr 20–30 Minuten braten. Die Kartoffelscheiben sollen knusprig sein.

Knoblauch, Petersil und Olivenöl

Nicht nur ein echter Fisch muss im Olivenöl schwimmen, sondern auch der würzig feine Petersil und der etwas eindringlichere Knoblauch pflegen mit Olivenöl eine stimmige Verbindung einzugehen, welche als einer der Hauptstützen der kroatischen Küstenküche gelten darf. Vielleicht noch ein Lorbeerblatt hier und ein Rosmarinzweiglein dort ... der Wunsch nach einer raffiniert-elaborierten Kräuterküche hält sich in Grenzen, die geschmacklich hochqualitativen Grundprodukte wie frisch gefangener Fisch oder Gemüse aus dem Garten sind sich seit jeher selbst genug.

Das sehr fruchtige, kalt gepresste Olivenöl der kroatischen Küstenregion erfährt allerdings erst in den letzten Jahren, nach Dekaden der Vernachlässigung, eine Renaissance. Erstaunlich, dass die Frucht des seit Jahrtausenden im Mittelmeerraum heimischen und vom Menschen äußerst intensiv genutzten Ölbaumes im Zuge von Absiedelung und Wirtschaftspolitik und zu Gunsten von Industrieöl innerhalb kürzester Zeit beinahe verschwinden konnte. Nun werden alte Olivenbäume revitalisiert, junge Olivenbäume gepflanzt und die Ölmühlen in den Dörfern nehmen im Erntemonat November den Betrieb rund um die Uhr wieder auf. Das frische Öl lagert zwar nicht mehr in großen Steinkrügen, in denen, einmal leer, der Käse aufbewahrt wurde, dafür aber in zahlreichen, wieder verwertbaren Plastikflaschen mit kunterbunten Verschlüssen.

In bereits professionellerem Ausmaß versucht Istrien mit einem steigenden Kontingent an Olivenhainen an die einstige internationale Reputation des istrischen Olivenöls anzuknüpfen und seit kurzem bietet *Ivan Balić* auf der dalmatinischen Insel Hvar in seiner *Uljara Svirce* ein ausgezeichnetes Olivenöl an, das sich *Natives Olivenöl Extra* nennen darf.

Der knorrige, silbern schimmernde Olivenbaum ist ja ein genügsamer Geselle und gedeiht beharrlich auf steinig-kargem Boden. Er trotzt der Sonne mit nahrhaft-fetten Früchten und gilt nicht umsonst als Baum des Lebens. Seine erst grünen und später dunkelrot bis schwarzen Früchte bieten sich natürlich auch ungepresst zum Genuss an. Sie werden zum Entzug der Bitterstoffe mindestens vierzig Tage in Meerwasser eingeweicht oder in Meersalz gelagert. Die so vorbereiteten Oliven können anschließend in Salzlacke oder Olivenöl konserviert oder im Ofen gebacken werden.

Omelett mit grünem Spargel
← Fritaja od divljih šparoga

Der im Frühjahr versteckt wachsende, zartherbe Wildspargel wird eifrig gesucht und mit Begeisterung verspeist, vor allem in Kombination mit frischen Eiern.

Für 4 Personen:
500 g Wildspargel (Thai-Spargel oder grüner Spargel)
50 g *pršut* (Prosciutto), länglich geschnitten
6 sehr frische Eier
1 EL Olivenöl, 2 EL Butter
Salz, Pfeffer aus der Mühle

1 Den grünen Spargel nur waschen und die Enden entfernen. In 2–3 cm lange Stücke schneiden.
2 In einer weiten, beschichteten Pfanne das Olivenöl erhitzen und den *pršut* kurz anbraten. Die Butter und die Spargelstücke zufügen und unter Rühren bissfest braten.
3 Die mit Salz und Pfeffer verquirlten Eier zugießen, leicht stocken lassen und mit einer Gabel sanft zerteilen. Die *fritaja* soll flaumig sein.

Natürlich schmeckt eine *fritaja* auch köstlich mit Steinpilzen und bleibt unerreicht im Geschmack mit frisch gehobelten istrischen Trüffeln.

Artischocken mit Erbsen
Artičoke s graškom

Für dieses traditionelle Gericht werden die ganz jungen Frühlingsartischocken verwendet, die noch kein Heu enthalten und deren zarte Blätter sich als Ganzes verspeisen lassen. Sie werden im kroatischen Küstenland im März und April geerntet.

Rezept von *Ivanka Markulin*, Insel Ugljan

Für 4 Personen:
8 zarte Artischocken (Baby-Artischocken)
300 g junge Erbsen
Saft von 1 Zitrone, 1/2 Zitrone zum Einreiben
Salz, Pfeffer aus der Mühle
5 EL Olivenöl
Fülle:
1/2 Bund Frühlingszwiebeln, fein geschnitten
1 Knoblauchzehe, fein gehackt
1 EL Brösel, 2 EL Petersil, fein gehackt
1 EL Olivenöl

1 Den Stiel der Artischocken am Ansatz abschneiden und die äußersten harten Blätter entfernen. Die obere Spitze gerade schneiden und, falls notwendig, das Heu im Inneren der Artischocke entfernen. Die Schnittflächen mit 1/2 Zitrone einreiben.
2 Ausreichend Salzwasser mit 2 EL Olivenöl und dem Zitronensaft zum Kochen bringen und die Artischocken ca. 4 Minuten garen. Herausheben und abtropfen lassen.

3 Unterdessen die Frühlingszwiebeln und den Knoblauch im erhitzten Olivenöl kurz anbraten, mit den Bröseln und dem Petersil vermengen und mit Salz und Pfeffer abschmecken.
4 Die Blätter der halb garen Artischocken leicht öffnen, mit der Zwiebel-Brösel-Masse füllen und zudrücken. Die Artischocken aneinandergereiht in einen Topf stellen und mit etwas Wasser und 3 EL Olivenöl untergießen. Zum Kochen bringen und die Artischocken sanft gar dünsten. Das Wasser soll verdunstet sein.
5 Kurz vor Ende der Garzeit die frischen Erbsen zufügen und mit Salz, Pfeffer, Zitronensaft und eventuell zusätzlichem Olivenöl abschmecken.

Šuljki
Den Teig in kleine Stücke teilen, Kügelchen formen und zwischen den Handflächen spindelförmige Nudeln rollen, die in der Mitte dick und an den Enden dünn sind.

Lazanje
Den Nudelteig zu einer flachen Rolle formen und in Streifen schneiden. Die Breite der Streifen ist je nach Bedarf variabel, sie kann zwischen 0,5 cm und 8 cm liegen.
Kurz antrocknen lassen.

Šurlice
Aus dem Nudelteig fingerdicke Rollen formen und in Stückchen schneiden. Aus den Stückchen mit Hilfe einer Stricknadel hohle Nudeln formen und vorsichtig von der Nadel lösen. Auch schmale Teigstreifen können spiralförmig um eine Stricknadel gewickelt werden.

Posutice
Den ausgerollten Teig in 4 x 4 cm große Rhomben schneiden.
Kurz antrocknen lassen.

Nudelteig Tjesto

Für 500 g Nudelteig:
300 g Mehl
1 Ei, 4 Eidotter
1 EL Olivenöl, Salz

1 Das Mehl zu einem Berg auf die Arbeitsfläche sieben, in die Mitte eine Vertiefung drücken und das Ei, die Eidotter, 1 EL Olivenöl und Salz hineingeben. Leicht verquirlen, mit dem Mehl vermengen und vorerst zu einem groben Teig verarbeiten. Wenn die Teigmasse zu klebrig ist, mehr Mehl zufügen. Vor dem Durchkneten des Teiges die Hände und die Arbeitsfläche säubern. Dann die Arbeitsfläche mit Mehl bestäuben und den Teig 10–15 Minuten durchkneten, bis er glatt und seidig glänzend ist. In Folie wickeln und ca.1 Stunde rasten lassen.

2 Den Teig auf der reichlich bemehlten Arbeitsfläche mit einem Nudelholz zu einer 1–2 mm dünnen Platte ausrollen. Die Teigplatte immer wieder drehen und mit Hilfe des Nudelholzes strecken. Den ausgerollten Teig zu den gewünschten Nudelformen weiterverarbeiten.

Fuži

→

Den ausgerollten Nudelteig in 4 x 4 cm große Quadrate schneiden. Die gegenüberliegenden Ecken zur Mitte biegen und mit den Fingern fest zusammendrücken. Kurz antrocknen lassen.

Nudeln Tjestenina

Nudeln sind aus der kroatischen Küche nicht wegzudenken, sowohl als Beilage als auch als Hauptspeise. Sie werden in ihrer typischen Form noch vielfach hausgefertigt und stehen ihren italienischen Schwestern in nichts nach. Hausgefertigte *fuži* und *šurlice* kommen mit Vorliebe zu festlichen Anlässen auf den Tisch, *posutice* mit *bakalar na bijelo* werden am Karfreitag gegessen. Eine *maneštra* verträgt sich gut mit Suppen*lazanje* und was wäre ein Wildgulasch ohne die schupfnudelähnlichen *šuljki* ...

Ravioli mit Käse Ravjoli sa sirom

←

Ravjoli finden sich auch mit Mangold, fein gewürfeltem *pršut* oder Fisch gefüllt. Und auf der Insel Krk haben wir die süße Variante mit Zimt, Nüssen und getrockneten Früchten kennen gelernt. Unser Rezept begnügt sich mit einer Fülle aus Schafskäse.

Für 4 Personen:
500 g frischer Nudelteig (siehe S. 40)
alternativ: 500 g Nudelteig, im Handel erhältlich
zerlassene Butter und geriebener Käse zum Servieren
Fülle:
300 g *ovčji sir* (Pecorino), gerieben
2 Eidotter
3 EL *skuta* (Frischkäse) oder 3 EL Obers
Muskat, gerieben
Salz, Pfeffer aus der Mühle

1 Den Nudelteig zubereiten (siehe S. 40).
2 Die verquirlten Eidotter mit dem Käse und dem Frischkäse vermengen und mit Salz, Pfeffer und Muskat abschmecken.
3 Den Nudelteig auf einer bemehlten Fläche sehr dünn ausrollen und mit einem Ausstecher oder Glas Kreise von je 6–8 cm Durchmesser ausstechen. Auf jeden Teigkreis mit Hilfe eines kleinen Löffels ein nussgroßes Stück Fülle setzen und zu einem Halbmond klappen. Die Ränder sorgfältig aufeinander drücken.
4 Die Ravioli in reichlich kochendes Salzwasser geben und ca. 4 Minuten gar ziehen lassen. Herausheben und gut abtropfen lassen.
5 Mit zerlassener Butter begießen und mit geriebenem Käse bestreuen.

Sehr gut schmecken *ravjoli* mit einer Fülle aus Rotbarbenfilet in Verbindung mit einer Tomatensalsa. Dazu brate ich 1 fein gehackte Schalotte in 1 EL Olivenöl an und füge 200 g fein geschnittenes Rotbarbenfilet, 1 EL Crème fraîche, Salz, Pfeffer, 1 Spritzer Zitronensaft und 1 TL gehacktes Basilikum dazu. Vor dem Füllen die Masse etwas abkühlen lassen. Für die Tomatensalsa enthäute, entkerne und würfle ich 6 vollreife Tomaten, schmore sie kurz in heißem Olivenöl an und schmecke sie mit Salz, Pfeffer, Basilikum und einem Hauch Knoblauch ab.

Wenn sie vor der Insel Pag ankern und kajütengemachte *ravjoli* mit dem berühmten Käse *paški sir* genießen möchten, ist es ratsam, einen fertigen Nudelteig mitzunehmen oder ihn beim nächsten Wirt vor Ort zu bestellen.

Fuži mit Trüffeln Fuži s tartufima

Eine typisch istrische Gaumenfreude ist die Trüffel, welche im Spätherbst gesammelt wird und besonders zu hausgemachten Nudeln herrlich schmeckt.

Für 4 Personen:
500 g *fuži* (siehe S. 40) oder Bandnudeln
100 g frische Trüffeln
6 EL Butter
Salz, Pfeffer aus der Mühle
geriebener Parmesan zum Bestreuen

1 Die Trüffeln putzen und fein hobeln.
2 Die *fuži* in ausreichend Salzwasser bissfest kochen und gut abtropfen lassen.
3 In einer Pfanne die Butter leicht schmelzen, vom Feuer nehmen und die gehobelten Trüffeln einrühren. Eventuell mit Salz und Pfeffer abschmecken.
4 Die *fuži* zufügen und mit dem fein geriebenen Parmesan bestreuen.

Risotto mit Pilzen Rižot od gljiva

→

Besonders in Istrien ist der herbstliche Wald voll von essbaren Pilzen. Am Straßenrand werden sie frisch oder getrocknet in großer Auswahl angeboten.

Für 4 Personen:
350 g Risottoreis
1 kleine Zwiebel, fein gehackt
200 g frische Steinpilze
2 EL Butter, 1 EL Olivenöl
1/4 l Weißwein
3/4 l Gemüsesuppe
1–2 EL Obers
50 g *paški sir* (Parmesan), gerieben
1 Spritzer Zitronensaft
1 Thymianzweiglein
2 EL Petersil, gehackt
Salz, Pfeffer aus der Mühle
geriebener *paški sir* (Parmesan) zum Bestreuen

1 Die frischen Steinpilze vorsichtig putzen und in nicht zu dünne Scheiben schneiden.
2 In einem Topf die Butter erhitzen, die Zwiebelwürfel, 1/3 der Steinpilze und den Reis anbraten und mit dem restlichen Weißwein ablöschen. Das Thymianzweiglein und schöpflöffelweise, unter ständigem Rühren, die Gemüsesuppe zufügen.
3 Kurz vor Garungsende des Reises (er soll noch bissfest sein) in einer Pfanne 1 EL Olivenöl erhitzen, die restlichen Steinpilze kurz anbraten und mit Salz, Pfeffer und einem Spritzer Zitronensaft abschmecken.
4 Die Steinpilze unter den Reis heben, nochmals mit etwas Suppe aufgießen und sanft rühren. Zum Abschluss das Obers, den Petersil und den *paški sir* unterheben. Mit Salz und Pfeffer abschmecken und mit geriebenem Käse bestreuen.

Wenn der Markt keine frischen Steinpilze bietet, greife ich auf getrocknete Pilze zurück. Davon weiche ich 30 g in ca. 1/4 l kaltem Wasser ein und verwende das Einweichwasser zum Aufgießen des Risottos.

Istrische Trüffeln

Als in den dreißiger Jahren des letzten Jahrhunderts Ingenieure aus dem Piemont in das malerische Mirnatal zwischen Buje und Buzet kamen, um eine große Wasserleitung zu planen, entdeckten sie in den umliegenden Eichenwäldern, versteckt in der feuchten *terra nera*, einen kulinarischen Schatz der besonderen Art: die „weiße Trüffel" (*Tuber magnatum pico*), eine unumschränkte Königin. Bereits die Römer glaubten, dass diese unvergleichlich aromatische, unterirdische Knolle, *tuber* (Beule) genannt, welche vorzugsweise in Baumnähe wächst, nur eine Frucht des Donners und des Blitzes sein konnte oder zumindest eine Tochter der Götter, da sich sogar Schweine, später als leidenschaftliche Trüffelliebhaber bekannt geworden, von ihrem köstlich-aphrodisischen Duft berauschen ließen.
Wen wundert es da noch, dass die „weiße Trüffel", und im Besonderen die „weiße Trüffel von *Alba*", im Laufe der Zeit zum teuersten Speiseprodukt der Welt avanciert ist. Die qualitativ gleichwertigen istrischen Trüffeln sind noch vergleichsweise preisgünstig, da sie von jeher in einem bescheiden-ländlichen Ambiente angeboten werden. Die weltweit größte „weiße Trüffel" wurde übrigens 1999 im Mirnatal von Hund *Diana* der Livader Familie *Žigante* gefunden und steht mit 1,310 kg im Guiness-Buch der Rekorde.
In den kalten und feuchten Spätherbstmonaten durchstreifen die lizenzierten Trüffeljäger mit speziell ausgebildeten Hunden die Wälder um Livade und Motovun auf der Suche nach dem „istrischen Gold", welches in den letzten Jahren stark an Reputation gewonnen hat. Die kirsch- bis apfelgroße Trüffel wächst in der Nähe von Wasserläufen in Symbiose mit einem Baum und entwickelt je nach Art des Baumes unterschiedliche Aromen und Farbnuancen. Ihr betörender Duft lockt die feinen Spürnasen der Trüffelhunde an, die das Objekt der Begierde zur ihrem Leidwesen zwar nicht ausbuddeln dürfen, aber für jeden Fund mit Leckereien belohnt werden. Auch im Sommer werden die Hunde eingesetzt, allerdings für das Aufspüren der schwarzgefärbten, qualitativ abfallenden „Sommertrüffel".
Trüffeln sind sehr empfindlich und ihr charakteristisch-intensiver Geruch verliert sich rasch. Sie sollten also vorzugsweise frisch und in hauchdünne Scheiben gehobelt genossen werden. Man kann sie aber auch in einem Schraubglas ein paar Tage im Kühlschrank lagern. Da Trüffeln mit Eiern eine vollkommene Harmonie eingehen, empfiehlt es sich außerordentlich, die Trüffeln gemeinsam mit Eiern zu lagern. Die luftdurchlässigen Eierschalen nehmen den Geruch der Pilze auf und können so zu einem Trüffelomelett ohne Trüffeln weiterverarbeitet werden.

Kukuriku

4 siehe Landkarte S. 178

Nenad Kukurin

Kastav 120, 51215 Kastav
t ++385-051-691 417
f ++385-051-691 417
www.kukuriku.hr
Öffnungszeiten ganzjährig, 12–24 Uhr, Montag Ruhetag
Inhaber *Nenad Kukurin*
45°20'N 14°19'E. Auf Ihrer Fahrt zum Starthafen oder Anlegemöglichkeit in Opatija. Der nördliche Stadthafen ist zum größten Teil belegt. Besser ist die südliche Marina *Admiral*. Taximöglichkeit zum Restaurant.

Auf dem Weg nach Rijeka, unweit von Opatija, liegt auf einem Karsthügel Kastav – ein mittelalterliches Städtchen aus istrischem Stein, mit verwinkelten Gassen und einer barocken Kirche. Kastav ist berühmt für sein jährliches Fest der Weinlese, das am *Weißen Sonntag*, dem ersten Sonntag im Oktober, in ausgelassener Stimmung gefeiert wird.

Links vom Ortseingang, in einem Fin-de-siècle-Haus, hat *Nenad Kukurin* sein kulinarisches Refugium geschaffen. Die in südlichen Farben gehaltenen, gemütlichen Räume, der stimmungsvolle, schattige Gastgarten und das exzellente Essen bieten den idealen Einstieg in mediterrane Entspanntheit. Zu einem Augenschmaus der Sonderklasse lädt das romantische „Extra-Balkönchen für zwei" mit weitem Blick über die Kvarner Bucht.

Nenad Kukurin als kompetenter Wirt und ausgezeichneter Sommelier hat sich der Philosophie des *Slow Food* verschrieben und zieht langsames Genießen dem hastigen Sattwerden vor. Er bietet kreativ-leichte, ausgesprochen köstliche Gerichte aus frischen regionalen Zutaten, entsprechend dem täglichen Marktangebot. Das sehr empfehlenswerte Degustationsmenü besteht aus sieben Gängen und passend zum jeweiligen Gang serviert *Nenad Kukurin* ein Glas Wein, der vorzugsweise aus kroatischen Rieden stammt. Die Idee einer kroatisch-italienischen Cross-Küche wird vom Küchenchef *Zdravko Tomšić* gekonnt und fantasievoll umgesetzt. Ein mehrgängiges Menü kann sich zusammensetzen aus *Rindscarpaccio auf Rucola*, mild geräuchertem *Goldbrassefilet an Orangen-Honig-Sauce*, *getrüffeltem Grießflan*, *Rinderfiletsteak an Waldbeerensauce mit Nussgnocchi* und *flambierten Feigen mit Vanilleeis*.

Der sehr gut bestückte Weinkeller beherbergt neben einem internationalen Angebot die zur Zeit besten kroatischen Tropfen und bietet die seltene Möglichkeit, Weine der kroatischen Spitzenwinzer kennen zu lernen.

Bonifačić

7 siehe Landkarte S. 178

Maris Spajić

Osor 64, Cres

t ++385-051-237 413 ++385-091-528 31 36

f ++385-051-691 417

konoba.bonifacic@inet.hr

Öffnungszeiten ganzjährig außer Jänner, 10–23 Uhr

Inhaber *Maris Spajić*

44°41,5'N 14°24'E. Auf der nördlichen Seite des Kanals von Osor ca. 15 Anlege- und Ankerplätze. Östlich des Kanals Ankermöglichkeiten in der Südbucht. Brückenöffnungszeiten: 9 und 17 Uhr

Wer sich für das alljährliche Fest des heiligen *Gaudencije*, des Schutzpatrons von Osor, besonders schön machen wollte, dem stand der gut besuchte Frisörladen des Onkels von *Maris Spajić* offen. Der Onkel lebt inzwischen im wohlverdienten Ruhestand und der Frisörladen durfte sich in die bemerkenswert geschmackvoll gestaltete *Konoba Bonifačić* verwandeln. Der lichtdurchflutete Gastraum spielt mit der Kombination von hellem Holz, erdigem Stein und viel Glas und gibt den Blick frei auf einen wunderschön angelegten Blumen- und Rosengarten, der von der sympathischen Wirtin *Maris* mit großer Hingabe gepflegt wird. Eine kleine Steinterrasse mit vier Tischen, die an den hauseigenen Weinkeller anschließt, lädt zum entspannten Sitzen im Grünen ein.

Gekocht wird einerseits à la *nonina kuhinja* (Großmutters Küche), nach traditionellen und wiederbelebten Rezepten der Insel Cres, und andererseits in Form einer kreativen Küche, die sich von den einzelnen kroatischen Regionen inspirieren lässt. Die Qualität der Gerichte kann noch nicht immer mit dem überzeugenden Ambiente mithalten, wobei die Qualität der verwendeten Zutaten keine Wünsche offen lässt. Herr *Spajić* fährt für die Trüffeln und den Fisch nach Istrien, für den Käse in das Dorf Nerezine, wo noch eine Familie die Käserei betreibt, und für den Wein auf die Nachbarinsel Krk.

So ist es ein Leichtes, sich in der *Konoba Bonifačić* an hausgemachten *fuži mit Trüffeln* oder *Käseravioli* gütlich zu tun, auch das spezifische Inselgericht *Lammgulasch mit Spargel und njoki* mundet – und auf jeden Fall ist es ein Vergnügen, im romantisch-hübschen Garten zu sitzen.

Fuži mit Trüffeln

Die Trüffeln putzen und hobeln. Die *fuži* in Salzwasser bissfest kochen und gut abtropfen lassen. In einer Pfanne die Butter leicht schmelzen, vom Feuer nehmen und die gehobelten Trüffeln einrühren. Die *fuži* zufügen und mit fein geriebenem Parmesan bestreuen.

Ante Jerolimov

Barbara

8 siehe Landkarte S. 178

23273 Preko, Insel Ugljan

t ++385-023-286 129

Öffnungszeiten Mai bis Juni, 16 –24 Uhr; Juli bis September, 12–24 Uhr; Oktober bis April, am Wochenende

Inhaber *Ante Jerolimov*

44°05'N 15°11,5'E. Die Konoba liegt am Uferweg zwischen Fährhafen und Ortskern. Im mittleren und nördlichen Hafen von Preko sind die Anlegeplätze gratis. Für Motorboote gibt es direkt vor der Konoba Anlegemöglichkeiten.

Falls sie gerne vis-à-vis von Zadar essen wollen, dann schnappen Sie sich ein Boot und fahren direkt zu *Ante Jerolimov* nach Preko, sinnigerweise „Gegenüber" getauft. Der rührige und sehr aufmerksame Wirt betreibt seit einigen Jahren die *Konoba Barbara*, die direkt am Wasser liegt und einen herrlichen Blick auf das venezianisch und altösterreichisch angehauchte Zadar bietet. Bei *Ante* treffen sich die Bewohner des Ortes, einige Urlauber und eben Segler und Motorbootfahrer, die direkt an der kleinen Mole vor der Konoba anlegen können. Das solide Speisenangebot ist die Reise wert, als Spezialität des Hauses gilt der eigenproduzierte, vorzügliche *Vorspeisenteller Barbara* mit vier Sorten von gesalzenem und rohem Fisch, Thunfischpastete und schwarzen Oliven. *Ante* ist ein wahrer Meister im Einsalzen von Fischen und jederzeit zu fachspezifischen Auskünften bereit. So kann man erfahren, dass 1 kg Sardinen 30 % Meersalz zur Konservierung benötigen und sieben Monate im Salz liegen, während Sardellen im Winter drei Monate und im Sommer gar nur eineinhalb Monate lagern. Auch das Olivenöl stammt aus eigenem Bestand, wobei die Ernte bei guten Wetterbedingungen 600 kg Oliven einbringt, die im November zu 100 l Öl gepresst werden können.

Thunfischpastete

1 kg frischen Thunfisch ca. 20 Minuten in Salzwasser leicht köcheln und abkühlen lassen. Die Gräten entfernen und das Fleisch mit 1 EL Butter, 2 EL Mayonnaise, 3 Stück Salzsardellen, 8 Kapern, dem Saft von 1 Zitrone und Salz und Pfeffer im Küchencutter zu einer sämigen Paste verarbeiten. Im Kühlschrank kalt stellen und zum Servieren mit einem Löffel Nockerl ausstechen.

Aus dem Meer

ROBERT HAIDINGER

Appetit auf Adria

Drei Knoblauchzehen und ein Gläschen Schnaps gönnen sich Kroatiens Fischer, wenn sie morgens lostuckern, die Kaimauern und Umrisse ihrer kleinen Steinhäuser im Dunkel der Nacht versinken. Sanfter Wellenschlag, das Husten der Dieselmotoren begleitet sie dabei. Wer mit diesem Rhythmus aufwuchs, zwischen Bootsplanken und der leisen Ahnung des entfernten Horizonts gut eingebettet, vergisst die damit verbundene Sinnlichkeit ein Leben lang nicht. Der Wirt und Fischer *Tonči* ist so ein Mann. Ein Kerl mit Falten, die an die Isothermen eines mittleren Bora-Tiefs erinnern, und ein wenig auch an das verwitterte Konterfei seines Großvaters, mit dem *Tonči* die salzige Luft der Adria schon als Knirps lieben lernte. Ohne Schnaps und Knoblauch allerdings, denn die mitfahrenden Kinder wurden in diesen Tagen lieber mit Brot, Olivenöl und Zucker gestärkt und später, so gegen elf Uhr morgens, mit Fisch-Imbissen, von denen *Tonči* noch heute gerne träumt. Die Ingredienzien dazu? Waren stets die Gleichen: Eine einsame Bucht. Dazu fangfrischer Fisch, der am steinigen Ufer geschuppt, ausgenommen, filetiert und am Rost über dem Holzfeuer gegrillt wurde. Serviert mit bloßen Händen und zu Großvaters warmem Lachen. Der Geschmack? Pures Meer, pure Sippe. Was sonst?

Ähnlich elementar, dem Selbstverständnis von Ebbe und Flut, von Flaute und Fallwind verwandt, mutet bis heute wohl vieles an, wenn vom Leben der kroatischen Fischer die Rede ist. Teile eines archaisch gestimmten Puzzles aus samtblauem Meer, aus porösem Stein und kräftigem Himmel sind diese bis heute geblieben, den hier kreuzenden Venezianern und k. u. k. Kapitänen zum Trotz. Fast so, als ob Salzwasser in den Adern der wettergegerbten Inselbewohner pulsieren würde, wirken die Menschen des Archipels denn auch. Karg und sparsam, dem gelassenen Gleichklang der heiteren See verpflichtet. Aber auch jäh und temperamentvoll, den alles hinwegfegenden Bora-Stürmen nicht unähnlich. Oft sorgten die Winde dafür, dass man tage-, ja wochenlang auf der kleinen Heimatinsel festsaß, und so manch eine Insel verlieh ihren Bewohnern dabei im Laufe der Zeit eine charakteristische Identität, nicht zuletzt auch in kulinarischer Hinsicht.

Waren die gesalzenen Fische der weit vorgelagerten Insel Vis etwa einst begehrte Delikatessen, deren Ruf bis zum Wiener Kaiserhof drang, so entwickelten die Bewohner des benachbarten, und noch isolierteren, Biševo gar ihr eigenes, schwer verständliches Fischer-Kauderwelsch. So wurde in dieser Sprache etwa die früher um Biševo beheimatete, heute selten gewordene Mönchsrobbe „Seemann" genannt, ein zärtliches Indiz für die Liebe zu den kroatischen Heimatgewässern und den darin lebenden Tieren. Immerhin zerriss der „Seemann" ja die mühevoll immer wieder aufs Neue geflickten Netze, raubte den Fischern einen Teil der ohnehin

VORHERIGE SEITE:
Grillstelle auf der Insel Vis

mühselig eingeholten Fänge. Dass Meeresbiologen hier über 400 Fischarten zählen, ändert nichts an der Tatsache, dass die Adria längst chronisch überfischt ist. Doch aus dem Vollen schöpfte man wohl auch zu jenen fischreichen Zeiten nicht, als die Menge des wild gefangenen Fisches die des gezüchteten noch bei weitem übertraf. Daran erinnern so legendäre Regionalgerichte wie die Steinsuppe, bei der erfahrene Köche die in den groben Steinporen versteckten Krebschen, Muscheln und Algen in einen wunderbaren Suppenfond zu verwandeln wissen. Dass Fischsuppe vor Ort gerne mit Meerwasser aufgegossen wird, fügt sich bestens ins Bild der schlichten, immer wieder auch durch Mangel inspirierten Küstenküche. Not machte so auch in Kroatien erfinderisch. Vieles und Vielfältiges verstanden die von launischen Stürmen und verkarstetem Hinterland drangsalierten Küstenbewohner im Laufe der Jahrtausende aus Poseidons großer Suppenschale hervorzuzaubern: Profanes Seegras kommt etwa gerne mariniert auf den Tisch. Oktopus lockt – neben klassischen Zubereitungsarten – auf der Insel Rab auch als getrocknete Variante und Stockfisch, eine in katholischen Ländern traditionelle Weihnachtsspeise, spielt noch heute eine gewisse Rolle in der Vorratshaltung. Der Limski Fjord im Norden und Ston im Süden des Landes machen mit Austernzucht auf sich aufmerksam, die Gewässer vor Mljet gelten als bestes Hummergebiet der Region und die Kvarner Bucht ist bekannt für ihre Scampi. Muscheln runden das Angebot an Schalentieren ab, sie werden an der gesamten steinigen Küste vom spitzen Felsen geholt und geputzt – ähnlich übrigens wie die salzig schmeckenden Seeigel.

Abwechslungsreich wie der adriatische Meeresspeisenzettel ist aber auch ein Blick auf die Fangmethoden selbst. Krebse werden mit eigenen Fanghandschuhen und besonders erfolgreich in Vollmondnächten eingesackt. Oktopussen rückt man mit archaisch wirkenden Dreiecksspießen, mit verlockenden Kerosin-Leuchten und wendigen Glasbodenbooten auf den Saugnapf.

Bleibt schließlich der Fisch selbst: Metallisch glänzende Goldbrasse zählt zu den verbreitetsten Arten. Begehrter ist bei kroatischen Köchen dennoch der zartere Wolfsbarsch, welcher sich besonders gut für die Zubereitung in Salzkruste eignet. Hoch im Kurs steht aber auch der *škrpina*, der Drachenkopf, vor allem dann, wenn es ums Kochen geht. Schließlich ist es der Kopf, der den Geschmack hergibt, und beim rötlichen Drachenkopf fällt dieser nicht gerade klein aus. Beim *brodet*, dem mit Zwiebeln und Tomaten direkt im Feuer gekochten Fischeintopf, kann man dieser Weisheit besonders delikat nachspüren. Nach umgekehrten Vorzeichen beurteilen Kroatiens Fischer übrigens ihr Heimatgewässer: „Je kleiner das Meer, umso besser der Fisch", sagen sie. Und über den Fisch selbst: Dass er dreimal schwimmen müsse. Einmal im Meer, dann im Öl, und nicht zu vergessen: ein drittes Mal im Wein.

RECHTS:
Fischer in Pag

Die Fischer von Komiža und Sali

Vier Wächter betreiben den mächtigen, 1874 erbauten Leuchturm auf der winzig kleinen, heute unbewohnten Insel Palagruža, inmitten der Adria, auf halbem Seeweg zwischen Italien und Kroatien. Außer einer autochthonen Fauna und sporadisch anwesenden Archäologen gibt es kaum Gesellschaft für die vier stoisch ausharrenden Männer. Ein nicht zu vergleichendes Bild mit der Situation auf Palagruža zu Anfang des 20. Jahrhunderts, als temporär bis zu fünfhundert Fischer aus Komiža das Eiland mit seinen extrem fischreichen Gewässern bevölkerten.

Das kleine Fischerdorf Komiža, an der Westseite der Insel Vis gelegen, ist von alters her bekannt für seine fähigen und ausdauernden Fischer. Auf Grund ihrer bereits seit dem 17. Jahrhundert konstruierten Fischerboote, den *gajetas falkuša*, die sich durch Widerstandsfähigkeit und Schnelligkeit auszeichneten, war es gelungen, den adriatischen Archipel über lange Zeit fischereimäßig zu dominieren. Besonders einträglich erwies sich in den Sommermonaten der Sardinen- und Hummerfang. Die Fischer landeten im Zuge einer Dorfregatta ihre 5-Mann-Boote in der Zolo Bucht (das Siegerboot hatte Anspruch auf den besten Platz) und schlugen Gemeinschaftszelte für den längeren Aufenthalt auf. In den mitgebrachten Holzfässern wurden die reichlich gefangenen Sardinen vor Ort eingesalzen und unter anderem an den Wiener Kaiserhof geliefert, der Hauptabnehmer dieser exotischen Delikatesse aus Vis, damals k. u. k. Marinestützpunkt Lissa, war. Die *gajeta falkuša* war bis ungefähr 1950 in Betrieb, die allerletzte Ausfahrt fand 1986 statt.

In der Zwischenzeit ist die Anzahl der Fischer in Komiža drastisch zurückgegangen, der Sardinenfang hat sich zu Gunsten von Brassen, Scampis und Tintenfischen verlagert, welche vor allem für den italienischen Markt bestimmt sind. Die 1890 in Komiža eröffnete Fischfabrik *Neptun* ist seit 1992 offiziell geschlossen, in kleiner Kapazität wird teilprivatisiert weitergearbeitet.

Wer allerdings an der Ostseite von Dugi otok, der längsten Kornateninsel, vorbeisegelt, kommt bei ungünstig stehendem Wind nicht umhin, den intensiven Geruch der großen Fischkonservenfabrik von Sali wahrzunehmen. Während gegenwärtig die nötigen Fische zum Eindosen auch von anderen Küsten herangeschafft werden, waren früher die traditionell begabten und fleißigen Fischer von Sali als Einzige berechtigt, das fischreiche Fanggebiet der Kornaten ausgiebig zu nützen und ab 1905 die Verarbeitungsware für die Fischfabrik zu liefern. Die Herren von Zadar, und als solche noch im 19. Jahrhundert Besitzer der unzähligen Kornateninseln, konnten sich dadurch hohen Steuerertrag sichern.

LINKS:
Fischputzen in Veli Lošinj
Am Fischmarkt in Split
Herzmuscheln
Muschelputzen am Limski Fjord
NÄCHSTE SEITE:
Am Fischmarkt in Split

40 kn
20 kn
150 kn

Über Fische und andere Meerestiere

Die kroatische Küstenlandküche liebt Fisch in allen Variationen, wobei es gilt, grundsätzlich zwischen blauen und weißen Fischen zu unterscheiden und die Artenvielfalt auseinander halten zu können.

Weiße Fische wie Wolfsbarsch, Brasse, Seezunge, Rotbarbe, Seeteufel oder Drachenkopf zeichnen sich durch helles, fettarmes Fleisch aus, während zu blauen Fischen alle Sardinenarten, Makrele und Thunfisch zählen. Ihr Fleisch ist dunkler und weitaus fetter und eignet sich daher eher zum Braten als für eine Suppe oder einen *brodet*. Sardinen werden vorzugsweise eingesalzen. Auf dem Grill ist jeder Fisch gut aufgehoben, für pochierten Fisch eignen sich besonders gut Drachenkopf und Zahnbrasse. Ganz kleine Fische wie die weißen Ährenfische werden als Ganzes frittiert.

Nicht wegzudenken vom adriatischen Speiseplan sind Weich- und Krustentiere. Zu den Weichtieren gehören die Familie der Tintenfische und Muscheln aller Art, unter anderem hervorragende Austern und die geschützten Steinbohrermuscheln, die unter dem Ladentisch zu teuren Preisen gehandelt werden. Die Auswahl an fangfrischen Krustentieren ist groß, und auch an Hummer und Langusten herrscht kein Mangel. Besonders delikat schmeckt die seltene Seespinne.

Beim Einkauf von frischem Fisch, auch auf einem küstennahen Markt, ist auf glänzende, hervorstehende Augen und das gesunde Rot der Kiemen zu achten. Pro Person sind bei einem ganzen Fisch 300 g zu veranschlagen, bei einem Filet 170–180 g.

Krustentiere und Muscheln werden am besten lebend gekauft, sollen gut riechen und intakte Schalen haben. Ein Oktopus hingegen wird in Kroatien bevorzugt eingefroren verwendet, da so das Fleisch beim Kochen schneller weich wird.

Das Putzen und Filetieren

Die Flossen des Fisches abschneiden. Den Fisch am Schwanz festhalten und die Schuppen über dem Spülbecken zum Kopf hin abschaben. Den Bauch der Länge nach aufschneiden und die Eingeweide vorsichtig entfernen. Die Kiemen mit einer Schere herausschneiden und den Fisch samt Bauchhöhle und Mundöffnung unter fließendem Wasser kurz, aber gründlich säubern. Trocken tupfen.
Den Fisch auf ein Brett legen und mit einem Filetiermesser den Rücken der Länge nach einschneiden. Die Fleischseite von der Mittelgräte lösen. Den Fisch umdrehen und die zweite Fleischseite von der Mittelgräte lösen. Kleinere Gräten mit einer Pinzette entfernen.

Steinbutt *romb*

Ährenfische *gavuni*

Wolfsbarsch *brancin*

Sardinen *srdela*

Rotbarbe *barbun*

Oktopus *hobotnica*

Brasse *orada*

Miesmuscheln *dagnje*

Streifenbrasse *orada*

Garnelen *škampi*

Makrele *škusa*

Schokoladefische *ribe od čokolade*

Marinierte Sardellen in Zitrone
Marinirani inćuni

Sardellen werden entweder frisch in Zitronensaft mariniert oder eingesalzen mit Olivenöl angerichtet und sind aus dem adriatischen Küchenrepertoire nicht wegzudenken.

Für 4 Personen:
500 g sehr frische Sardellen
1 Knoblauchzehe, zerdrückt
Saft von 2 Zitronen
1/4 l Olivenöl
2 EL Petersil, fein gehackt
Salz, Pfeffer aus der Mühle

1 Die Köpfe abtrennen. Die Sardellen an der Bauchseite öffnen und die Innereien und die Mittelgräten samt Schwanzflossen entfernen. Die Sardellenfilets unter fließendem Wasser abspülen und trocken tupfen.
2 Die Sardellenfilets in ein Gefäß schichten, salzen und mit dem durch ein Sieb abgegossenen Zitronensaft übergießen. 15 Minuten ziehen lassen.
3 Das Olivenöl mit dem Knoblauch, dem Petersil und Pfeffer verrühren. Die Sardellenfilets aus dem Zitronensaft heben, in eine flache Schüssel schichten und mit dem Olivenöl übergießen. Über Nacht im Kühlschrank ziehen lassen.

Im kroatischen Küstengebiet werden die ausgenommenen Sardellen zuerst nichtentgrätet in Zitronensaft eingelegt und erst dann unter fließendem Wasser geputzt und mit Olivenöl übergossen. So lassen sich die Gräten leichter entfernen.

Besonders gut machen sich die marinierten Sardellen mit viel Grün vom Wildfenchel. Die zarten Halme des Wildfenchels wachsen überall im Mittelmeerraum und laden zum freien Pflücken ein.

Sardinen na savor
Srdele na savor

Für 4 Personen:
12 sehr frische Sardinen (ca. 450 g), küchenfertig
2 mittelgroße Zwiebeln, in Ringe geschnitten
3 Knoblauchzehen, zerdrückt
10 EL Olivenöl
6 EL milder Weißweinessig
3 EL Weißwein
2 Lorbeerblätter
1 Rosmarinzweiglein
1 Thymianzweiglein
5 Pfefferkörner
Salz, Pfeffer aus der Mühle
Mehl zum Wenden

1 Die Sardinenköpfe und die Rückenflossen abtrennen. Den Daumennagel in die Öffnung am Kopf stecken und an der Mittelgräte entlang bis zur Schwanzflosse fahren. Die Sardinen auseinander klappen, die Mittelgräten mit der Hand herauslösen und mit den Schwanzflossen und den restlichen Gräten entfernen. Die Sardinenfilets unter fließendem Wasser abspülen und trocken tupfen. Leicht salzen.
2 Die Sardinenfilets wieder zusammenklappen, salzen und im Mehl wenden. In einer Pfanne das Olivenöl erhitzen und die Sardinen beidseitig je 2 Minuten anbraten, herausheben und auf Küchenpapier abtropfen lassen. Das verbliebene Olivenöl etwas überkühlen und durch ein Sieb in einen Topf abgießen.
3 Das Olivenöl neuerlich erhitzen und die Zwiebeln und den Knoblauch goldgelb braten. Die Lorbeerblätter, die Pfefferkörner und die Rosmarin- und Thymianzweiglein zufügen und mit dem Wein und dem Weißweinessig aufgießen. Den Sud einige Minuten kochen und mit Salz und Pfeffer abschmecken.
4 Die Sardinen in ein flaches Gefäß schichten, mit dem lauwarmen Sud übergießen und über Nacht im Kühlschrank ziehen lassen.

Oktopussalat Salata od hobotnice

←

Auf einer Speisekarte des kroatischen Küstenlandes darf ein mediterraner Oktopussalat nicht fehlen – nur mit Zwiebeln, Olivenöl und Weinessig angerichtet oder wie auf der Insel Cres, mit gewürfelten Kartoffeln. *Sead Krupić*, ein ausgezeichneter Koch, hat uns seine ganz private Variante dieses Salates vorgestellt.

Ein Rezept von *Sead Krupić*, Dubrovnik

Für 4 Personen:
ca. 1 kg Oktopus, tiefgekühlt
1 Zwiebel, fein gehackt
2 Knoblauchzehen, feinst gehackt
4 dünne Zitronenscheiben (unbehandelt)
2 EL Kapern, gehackt
Marinade:
3 EL Olivenöl
Saft von $^{2}/_{3}$ Zitrone (unbehandelt)
1 Spritzer Weißweinessig
2 EL Petersil, fein gehackt
Salz, Pfeffer aus der Mühle

1 Den Oktopus auftauen.
2 In einem hohen Topf etwas Wasser zum Kochen bringen (der Oktopus gibt beim Kochen selbst Wasser ab) und den Oktopus 20–30 Minuten bei leichter Flamme bissfest kochen. Im Kochwasser abkühlen lassen.
3 Den kalten Oktopus in kleine Stücke schneiden. Von der Zitrone 4 dünne Scheiben abschneiden, vierteln und aus dem Rest der Zitrone den Saft auspressen.
4 In einer Schüssel den Zitronensaft mit 1 Spritzer Weißweinessig, dem Petersil, Salz und Pfeffer gut verrühren und das Olivenöl zugießen. Die Zwiebeln, den Knoblauch, die geviertelten Zitronenscheiben und die Kapern einmengen und zum Schluss die Oktopusstücke zufügen. Mischen, abschmecken und im Kühlschrank 2–3 Stunden ziehen lassen.

Die Küstenbewohner schwören auf eingefrorenen Oktopus, da die Kälte die Fleischstruktur zerstört und der Oktopus, ohne Klopfen, schneller weich gekocht werden kann. *Sead* empfiehlt sogar, einen frischen Oktopus vor der Verarbeitung für zumindest 24 Stunden einzufrieren. Wird ein frisch gefangener Oktopus verwendet, so muss dieser gewaschen, ausgenommen und der Kopf und das Kauwerkzeug entfernt werden. Die Kochzeit bis zur Bissfestigkeit verlängert sich.

Stockfischpastete Bakalar na bijelo

Das Salzen und Trocknen in der Sonne war lange Zeit die einzige Möglichkeit, Fisch haltbar und transportfähig zu machen. Vor allem Kabeljau wurde gesalzen und an Stöcken oder auf den Klippen getrocknet. Im Mittelmeerraum ist die Liebe zu Stockfisch, trotz der aufwendigen Zubereitung, ungebrochen und traditionellerweise wird *bakalar* zu Weihnachten oder, in Kombination mit *posutice*, am Karfreitag gegessen.

Für 4 Personen:
500 g Stockfisch
1 kleine Knoblauchzehe, zerdrückt
1 Sardellenfilet
1 dl Olivenöl, 1 dl Pflanzenöl
1 Lorbeerblatt, 1 Spritzer Zitronensaft
Salz, Pfeffer aus der Mühle

1 Den Stockfisch mit einem Holzklopfer gut klopfen und mindestens 24 Stunden wässern. Das Wasser mehrmals wechseln.
2 Den Stockfisch in leicht gesalzenem Wasser mit dem Lorbeerblatt ca. 20 Minuten weich kochen und abtropfen lassen. Noch warm die Haut und die Gräten sorgfältig entfernen. Die Fischstückchen zerdrücken, salzen, pfeffern und mit dem Sardellenfilet, dem Knoblauch, dem Öl und 1 Spritzer Zitronensaft im Küchencutter so lange mixen, bis eine weiße, homogene Paste entsteht.
3 Mit frischem Weißbrot servieren.

Scampi im Schinkenmantel
Škampi u mladom pršutu

Meeresfrüchte in Kombination mit Pilzen laufen in Istrien unter dem Namen *mare-monti* und sind sehr überzeugend im Geschmack. In unserem Rezept gehen Scampi und *pršut* eine harmonische Verbindung ein.

Für 4 Personen:
12 sehr frische Scampischwänze, ungekocht
12 Scheiben *pršut* (Prosciutto), dünn geschnitten
1/8 l Weißwein
4 EL Olivenöl
1 Zitronensscheibe (unbehandelt)
1 Thymianzweiglein, 1 Lorbeerblatt
Salz, Pfeffer aus der Mühle
Petersilreis: 120 g Reis, 2 EL Petersil

1 Den Petersilreis vorbereiten.
2 Von den Scampischwänzen die Bauchseite aufbrechen und das Fleisch auslösen. Am Rücken so tief einschneiden, bis der schwarze Darm sichtbar wird und diesen vorsichtig mit der Messerspitze entfernen. Das Fleisch waschen und trocken tupfen.
3 Die ausgelösten Scampi mit je einer Scheibe *pršut* umwickeln. Mit einem Zahnstocher feststecken.
4 In einer Pfanne das Olivenöl erhitzen, das Lorbeerblatt, das Thymianzweiglein und die Zitronenscheibe zufügen und die Scampi von allen Seiten anbraten. Salzen, pfeffern und mit dem Weißwein ablöschen. Einmal kurz aufkochen, die Hitze reduzieren und ca. 3 Minuten gar dünsten.
5 Die Zahnstocher entfernen und die Scampi auf den Petersilreis setzen.

Frittierte Ährenfische
Frigani gavuni

→

Was schmeckt besser zu frittierten Ährenfischen als ein Glas *bevanda* – Rotwein mit Wasser, wie er im sommerlich heißen Dalmatien getrunken wird.

Für 4 Personen:
600 g sehr frische Ährenfische
Mehl zum Wenden
Pflanzen- oder Erdnussöl zum Herausbacken
Meersalz zum Bestreuen

1 Die Ährenfische gründlich waschen, sorgfältig trocken tupfen und in reichlich Mehl wenden. In ein größeres Sieb geben und durch Schütteln das überschüssige Mehl entfernen.
2 In einer Fritteuse oder in einem Topf das Öl sehr stark erhitzen und die Ährenfische rasch herausbacken. Auf Küchenpapier gut abtropfen lassen und mit Meersalz bestreuen.

Frische *gavuni* gibt es auf jedem Fischmarkt zu kaufen und sie sind schnell und problemlos zubereitet. Ein feiner Snack zu einem Glas kühler *bevanda*.

Dalmatinische Fischsuppe → Dalmatinska riblja juha

Ein begehrter Suppenfisch in Dalmatien ist der stachelige Drachenkopf, dessen großer, auffälliger Kopf zwar nicht schön ist, aber „den Geschmack hergibt".

Für 4 Personen:
1 kg frische Fische (wie Drachenkopf, Zahnbrasse, Meeräsche, Petersfisch, Wolfsbarsch, Knurrhahn), küchenfertig geschnitten, mit Köpfen und Karkassen (Filetieren siehe S. 64)
4 große Garnelen, ungekocht
1 Zwiebel, gehackt
3 Knoblauchzehen, fein gehackt
1 Selleriestange mit Grün, gehackt
1 Petersilwurzel und Petersilstängel, gehackt
1 große Tomate
1 Schuss Weißwein
3 EL Olivenöl
2 Zitronenscheiben (unbehandelt)
1 Spritzer Zitronensaft
1 Thymianzweiglein
1 Lorbeerblatt
10 Pfefferkörner
etwas Safran
2 EL Petersil, fein gehackt
Salz, Pfeffer aus der Mühle
optional: 100 g Reis, gekocht

1 Die Tomaten kreuzweise einschneiden und 20 Sekunden in kochendes Wasser geben. Mit kaltem Wasser abschrecken, schälen, entkernen und in kleine Würfel schneiden.
2 Die Fischköpfe und Fischkarkassen wässern, abtropfen lassen und die Flossen und Kiemen entfernen. Die Garnelen waschen.
3 In einem Topf das Olivenöl erhitzen und die Zwiebel, den Staudensellerie und den Knoblauch anbraten. Die Fischköpfe und -karkassen zufügen, mit 1 Schuss Weißwein ablöschen und die Tomatenwürfel, die Zitronenscheiben, das Thymianzweiglein, das Lorbeerblatt, die Pfefferkörner und die Petersilwurzel und -stängel zufügen. Salzen und mit 1,2 l kaltem Wasser aufgießen. Kurz aufkochen und die Fischsuppe auf mittlerer Flamme 20 Minuten köcheln.
4 Die Fischsuppe durch ein feinmaschiges Sieb abgießen und die Rückstände mit einem Löffel kräftig ausdrücken. Mit Salz und Pfeffer abschmecken.
5 Die Fischsuppe wieder aufkochen und den Safran zufügen. Die Fischfilets in mundgerechte Stücke schneiden, leicht salzen und mit den Garnelen in die Suppe einlegen. Bei kleiner Flamme 3–5 Minuten gar ziehen lassen. Das Fleisch soll glasig sein. Mit dem gehackten Petersil, 1 Spritzer Zitronensaft und eventuell 1 EL Olivenöl und zusätzlichem Knoblauch abrunden.
6 Eventuell, wie im kroatischen Küstenland üblich, der Suppe den gekochten Reis zufügen.

Beilage: geröstete Weißbrotscheiben

Wenn ich reinen Fischfond benötige, verzichte ich auf die Scampischwänze und befolge die Rezeptpunkte 2, 3 und 4. Dabei erhalte ich ca. 1 l Fischfond, der auch in kleinen Portionen eingefroren werden kann.

Auf dem Segelboot kann man es wie die Fischer halten und die Fischsuppe zum Teil mit Meerwasser aufsetzen und in einem Teller mit Stücken von hart gewordenem Brot servieren.

Tintenfischrisotto Crni rižot

Der Tintenfisch oder Sepia gehört mit dem Kalmar und dem Oktopus zur Familie der Kopffüßler. Der rundliche Tintenfisch hat ein dickeres Fleisch als der elegant-schlanke Kalmar und wird für die Zubereitung eines *rižot* bevorzugt. Im Übrigen ist nur die Tinte des Sepia zum Verzehr geeignet.

Ein Rezept von *Ozana Marcelić*, Insel Ugljan

Für 4 Personen:

600 g sehr frische Tintenfische (Sepia)
350 g Risottoreis
1 Zwiebel, fein gehackt
2 Knoblauchzehen, fein gehackt
6 EL Weißwein
1/2 l Fischfond
3 EL Olivenöl
3–4 Tropfen frische Tinte (auch im Handel erhältlich)
1 EL Petersil, fein gehackt
Salz, Pfeffer aus der Mühle

1 Den Tintenfisch aufschneiden und ausnehmen. Den Tintenbeutel vorsichtig zur Seite legen. Die Fangarme oberhalb der Augen abschneiden und das Kauwerkzeug herausdrücken. Das Fischbein aus dem Körperbeutel entfernen und die Haut des Tintenfisches abziehen. Die Fangarme und den Körperbeutel unter fließendem Wasser gründlich waschen, trocken tupfen und in Streifen schneiden.

2 In einem Topf das Olivenöl erhitzen und die Zwiebel und den Knoblauch anbraten. Die Tintenfischstreifen zufügen, anziehen lassen und mit dem Weißwein ablöschen. Salzen, pfeffern und die Hälfte des Fischfonds zufügen. Kurz aufkochen und zugedeckt bei kleinster Flamme ca. 20 Minuten dünsten bis die Tintenfischstreifen weich sind. Gelegentlich umrühren.

3 Den Risottoreis zufügen, salzen und mit so viel Fischfond aufgießen, dass der Reis bedeckt ist. Unter ständigem Rühren und bei Bedarf löffelweisem Zufügen von Fischfond den Reis bissfest kochen. Kurz bevor der Reis gar ist, die Tintentropfen und den Petersil einrühren.

Wenn Sie keinen Risottoreis finden, tut es auch normaler, weißer Reis. Die Kroaten machen es nicht anders und gestalten den *crni rižot* eher flüssig.

Die Tinte des Sepia wurde früher nicht nur zum Kochen verwendet, sondern auch zur Produktion der gleichnamigen Schreibtinte. Der herausgeschnittene Tintenbeutel wurde dazu in der Sonne getrocknet und der dunkle Inhalt mit Hilfe einer starken Lauge zu einem breiigen Pulver verrieben. Nach dem Erhitzen wurde das Pulver mit Schwefelsäure aufgeschwemmt, gewaschen, getrocknet und mit Gummi arabicum verrieben. So entstand die farbechte, dunkelbraune Farbe.

Gefüllte Kalmare in Tomatensalsa
Punjene lignje u umaku od rajčice

Kalmare sind sehr beliebt und werden über Braten und Frittieren auf vielerlei Art zubereitet, unter anderem mit *pršut*, Pilzen oder einem Meeresfrüchterisotto gefüllt. Wir haben für unsere Fülle Oliven und Kapern gewählt.

Für 4 Personen:
8 sehr frische Kalmare (ca. 800 g)
5 Tomaten
2 Knoblauchzehen, zerdrückt
4 EL Olivenöl
1 Schuss Rotwein
1 frisches Thymianzweiglein
Salz, Pfeffer aus der Mühle
Fülle:
10 schwarze Oliven, gehackt
1 EL Kapern, gehackt
2 EL Petersil, fein gehackt
etwas geriebene Zitronenschale (unbehandelt)
1 EL Brösel
2 EL Olivenöl

1 Den Kalmar in die Hand nehmen und die Fangarme samt der Eingeweide aus dem Körperbeutel ziehen. Die Fangarme oberhalb der Augen abschneiden und das Kauwerkzeug herausdrücken. Das Fischbein aus dem Körperbeutel entfernen und die Haut des Kalmars abziehen. Die Fangarme und den Körperbeutel gründlich unter fließendem Wasser waschen und trocken tupfen.

2 Die Fangarme fein hacken. Mit den Oliven, den Kapern, dem Petersil, der geriebenen Zitronenschale, den Bröseln und 2 EL Olivenöl gut vermengen und mit Salz und Pfeffer abschmecken. Die Kalmare mit Hilfe eines Löffels füllen und mit einem Zahnstocher verschließen.
3 Die Tomaten kreuzweise einschneiden und 20 Sekunden in kochendes Wasser geben. Kalt abschrecken, schälen, entkernen und in Würfel schneiden.
4 In einer Pfanne 4 EL Olivenöl erhitzen und den Knoblauch und die Tomatenwürfel anbraten. Mit einem Schuss Rotwein ablöschen, das Thymianzweiglein zufügen und salzen. Die gefüllten Kalmare einlegen und zugedeckt bei kleinster Flamme, je nach Größe, 20–30 Minuten schmoren. Einmal wenden.

Beilage: Rosmarinkartoffeln

Wolfsbarschfilet in Pergament Filet od brancina u pergamentu

Für 4 Personen:
4 sehr frische Wolfsbarschfilets, küchenfertig (Filetieren siehe S. 64)
1 Karotte, 1 Gelbe Rübe, 1 Fenchelknolle
4 EL Olivenöl, 4 EL Weißwein
4 Lorbeerblätter, Fenchelgrün, Salz
Zitronensaft zum Beträufeln, Olivenöl zum Bestreichen
4 Bogen Pergament- oder Backpapier

1 Das Gemüse schälen und in ganz feine Streifen (Julienne) schneiden. Die Wolfsbarschfilets salzen und mit Zitronensaft beträufeln.
2 Die Gemüsestreifen auf den mit Olivenöl bestrichenen Papierbögen verteilen und mit je 1 Wolfsbarschfilet belegen. Das Lorbeerblatt und das Fenchelgrün zufügen und mit dem Weißwein und dem Olivenöl beträufeln. Die Papierbögen wie bei einem Butterbrot falten und auf den Seiten einklappen.
3 Ein Backblech mit den Papierpäckchen belegen und im auf 220° vorgeheizten Backrohr 12–15 Minuten backen. Im Papier auf Tellern servieren.

Beilage: Salzkartoffeln

VIVIAN GJURIN

Ein Tag auf Korčula

Die Lebens- und Essgewohnheiten an der kroatischen Küste sind eine Geschichte für sich. Vor allem im Süden verstehen es die Menschen, sich Zeit zu nehmen und das Leben zu genießen, das heißt, in erster Linie das Essen. Meine Kindheit verbrachte ich auf der Insel Korčula bei meinen Großeltern. Dort habe ich ziemlich früh gelernt, dass man nicht essen muss um zu leben, sondern lebt um zu essen.

Bei Tagesanbruch waren mein Großvater und ich schon in unserer Barke auf dem Meer, um die am vorhergehenden Abend ausgelegten Fischernetze aus dem Wasser zu ziehen.

Ein solch frühes Unternehmen ist notwendig, um die Vorteile der *bonaca*, der Windstille zu genießen und die Hitze zu vermeiden. Ausgerüstet mit einem bescheidenen Proviant, der aus unterwegs gepflückten Früchten wie Feigen, Trauben oder Pfirsichen bestand, gaben wir uns der schwierigen Arbeit hin, die Fische aus den Netzen zu entflechten.

Mit dem Fang zu Hause angelangt, wurden wir von meiner Großmutter mit einer *marenda* empfangen. Dies ist eine Art spätes Frühstück, welches aus *pršut* (luftgetrocknetem Rohschinken), *kozji sir* (Ziegenkäse), Oliven, gesalzenen oder frittierten kleinen Fischen, Wein, Schnaps und viel Brot besteht – als Stärkung für die Arbeit und als Einstimmung für das Mittagsmahl. Das Mittagsmahl selbst ist ein strikter Termin für die ganze Familie, der unbedingt in der Mittagszeit stattfinden muss, damit im Anschluss die Zeit der größten Hitze schlafend im Schatten verbracht werden kann. Auf eine Suppe folgen Fleisch oder frisch gefangener Fisch mit Beilagen wie Polenta, *blitva* (Mangold mit Kartoffeln und Olivenöl) oder Salat aus Meeresfrüchten und auch etwas Süßes zum Abschluss darf nicht fehlen.

Bei Einbruch der Dunkelheit begann meine Großmutter mit den Vorbereitungen für das Abendessen. Ein zufrieden stellender Morgenfang verspricht eine abendliche Grillzeremonie. Die Fische werden auf der *žerava*, der glühenden Kohle, gebraten, mit Olivenöl und Zitronensaft beträufelt und mit reichlich Wein hinuntergespült. Denn Fisch wie auch Fleisch müssen im Magen „schwimmen" können. War der Tag zu heiß, begnügten wir uns mit *blitva* oder gekochten Miesmuscheln mit Petersilie und Knoblauch.

In warmen und windstillen Nächten begab ich mich mit meinem Onkel *Damir* und einem Stoffsäckchen auf Krebsjagd. Ein gefährliches Unternehmen, da die *kosmaći* zwar wohlschmeckende, doch große Scheren haben, die leicht einen Finger „abzwicken" können. Onkel *Damir* holte die Krebse aber immer sehr gekonnt und vorsichtig zwischen den Felsen hervor, zur Freude seiner Hände und unserer Gaumen am nächsten Tag.

Fischeintopf mit Polenta → Brodet od ribe s palentom

Was wäre das adriatische Küstengebiet ohne seinen berühmten *brodet*, einen bunten Fisch- und Meeresfrüchteeintopf in unzähligen Variationen. Grundsätzlich sollten zumindest vier Fischsorten verwendet werden, die entweder separat angebraten werden und im Topf zugedeckt gar ziehen oder, wie für die *gregada* der Insel Hvar, mit allen Zutaten inklusive Kartoffeln gleichzeitig kalt aufgesetzt und auf sehr heißer Flamme offen gegart werden. Der althergebrachte *brodet*-Topf aus Ton nennt sich *lopiž* und kann mit Hilfe des *tripije*, eines Dreifußes, direkt in die Glut gestellt werden. Somit eine beliebte Verpflegungsmöglichkeit für das Picknick am Strand, fangfrischer Fisch inbegriffen.

Für 4 Personen:
1,2 kg frische Fische (wie Wolfsbarsch, Petersfisch, Makrele, Steinbutt, Drachenkopf), küchenfertig im Ganzen (Vorbereitung siehe S. 64)
2 Zwiebeln, in Streifen geschnitten
2 Knoblauchzehen, fein gehackt
1 TL Tomatenmark
4 große Tomaten
1 EL Fischfond
1 guter Schuss Weißwein
1 Schuss Weißweinessig
6 EL Olivenöl
Paprikapulver
3 EL Petersil, fein gehackt
Salz, Pfeffer aus der Mühle

1 Die Fische innen und außen vorsichtig waschen, trocken tupfen und die Köpfe und die Schwanzflossen abschneiden. Den Rest der Fische in ca. 10 cm breite Stücke schneiden.
2 Die Tomaten kreuzweise einschneiden und 20 Sekunden in kochendes Wasser geben. Mit kaltem Wasser abschrecken, schälen, entkernen und in kleine Würfel schneiden.
3 In einem weiten Topf 3 EL Olivenöl erhitzen und die Zwiebelstreifen und den Knoblauch goldgelb braten. Das Tomatenmark, die Tomatenwürfel und das Paprikapulver einrühren, salzen und mit dem Weißweinessig und dem Weißwein ablöschen. Den Fischfond zufügen. Zugedeckt bei kleiner Flamme ca. 15 Minuten schmoren. Mit Weißweinessig und Pfeffer abschmecken. Warm stellen.
4 In einer Pfanne die restlichen 3 EL Olivenöl erhitzen und die gesalzenen Fischstücke von beiden Seiten kurz scharf anbraten, so dass sich eine Kruste bildet und der Fisch nicht zerfallen kann.
5 Die Fischstücke in den Topf auf die Zwiebel–Tomaten-Sauce setzen (die Fischstücke sollen halb bedeckt sein) und zugedeckt, bei allerkleinster Flamme, gar ziehen lassen. Nicht umrühren, nur den Topf hin und wieder schütteln. Zum Schluss den Petersil vorsichtig einmengen. Der *brodet* soll dickflüssig sein (die Dicke kommt von den Zwiebeln) und einen feinsäuerlichen Geschmack haben.

Polenta Palenta

250 g Polenta
1 l Wasser, 1 TL Salz
1 Knoblauchzehe, geschält
Muskat, gerieben
Salz

1 In einem hohen Topf das Salzwasser zum Kochen bringen. Die Polenta langsam einrieseln lassen und gut verrühren. Die Knoblauchzehe zufügen und die Hitze reduzieren. Mit einem Holzkochlöffel die Masse während 20–30 Minuten immer wieder rühren. Die Polenta ist fertig, sobald sie sich sauber vom Rand des Topfes löst. Mit Salz und Muskat abschmecken.
2 Traditionellerweise wird die Polenta in Kroatien als Kuppel serviert. Dazu eine Schüssel mit kaltem Wasser ausspülen, die heiße Polenta aus dem Topf in die Schüssel geben und nach einigen Minuten auf einen großen Teller stürzen.

Gebratene Sardinen in Zitrone
Pečene srdele s limunom

In Istrien werden Sardinen häufig auf diese Weise zubereitet. Es ist allerdings ratsam, nur sehr frische oder aber tiefgekühlte Sardinen zu verwenden.

Für 4 Personen:
800 g Sardinen
2 Knoblauchzehen, zerdrückt
Saft von 2 Zitronen
4 EL Olivenöl
4 EL Petersil, fein gehackt
1 Lorbeerblatt
Salz, Pfeffer aus der Mühle
Zitronenscheiben zum Servieren

1 Die Sardinen an der Bauchseite aufschneiden, ausnehmen und unter fließendem Wasser vorsichtig waschen. Trocken tupfen, salzen und in eine feuerfeste Form schichten.
2 Das Olivenöl mit dem Zitronensaft, dem Knoblauch, 2 EL Petersil, dem Lorbeerblatt und Pfeffer vermischen und über die Sardinen gießen.
3 Die Sardinen im auf 200° vorgeheizten Backrohr 15–20 Minuten braten. Die Garzeit richtet sich nach der Größe der Fische. Hin und wieder aufgießen.
4 Beim Herausnehmen mit 2 EL Petersil bestreuen und mit Zitronenscheiben garnieren.

Beilage: Krautsalat und *blitva* (siehe S. 32)

Brasse auf Kartoffeln mit Wein →
Orada na krumpiru i vinu

1,2 kg sehr frische Brasse, küchenfertig
(Vorbereitung siehe S. 64)
800 g Kartoffeln, in Scheiben geschnitten
1 Zwiebel, in Ringe geschnitten
2 Knoblauchzehen, blättrig geschnitten
6 EL Olivenöl
6 EL Weißwein
2 Lorbeerblätter
Zitronensaft zum Beträufeln
2 EL Petersil, fein gehackt
Salz, Pfeffer aus der Mühle

1 Die Kartoffelscheiben, die Zwiebel, den Knoblauch und die Lorbeerblätter in einen Bräter schichten. Salzen, pfeffern und mit dem Olivenöl und dem Weißwein untergießen. Im auf 200° vorgeheizten Backrohr 10 Minuten braten.
2 Die Brasse innen und außen vorsichtig waschen und trocken tupfen. Salzen und mit Zitronensaft beträufeln. Auf die vorgebratenen Kartoffeln legen und bei weiterhin 200° ca. 15–20 Minuten braten. Die Garzeit richtet sich nach der Größe des Fisches. Nach der Hälfte der Bratzeit die Brasse einmal wenden.
3 Beim Herausnehmen die Brasse mit dem Petersil bestreuen und mit frischem Olivenöl beträufeln.

Natürlich kann die Brasse auch gefüllt werden, sei es mit Petersilstängeln, Fenchelgrün oder einem frischen Rosmarinzweiglein.

Sehr gut mit Kartoffeln und Wein macht sich auch der orangerote Drachenkopf, ein im adriatischen Küstengebiet beliebter und leicht erhältlicher Fisch. Er muss allerdings mit größter Vorsicht gesäubert werden, da seine giftigen Stacheln schmerzhafte Wunden verursachen können.

Wolfsbarsch in der Salzkruste
← Brancin u slanoj kori

Das köstliche, fettarme Fleisch des Wolfsbarsches ist sehr begehrt und behält durch das perfekte Garen in der Meersalzkruste sein feines Aroma.

Für 4 Personen:
1 sehr frischer Wolfsbarsch (ca. 1,2 kg), küchenfertig (Vorbereitung siehe S. 64)
1 Fenchelknolle mit Stielen und Grün, geputzt
3 kg Meersalz
2–3 Eiklar

1 Den Wolfsbarsch vorsichtig waschen, trocken tupfen und mit Fenchelstielen und Fenchelgrün füllen.
2 Das Meersalz mit dem Eiklar zu einer formbaren Masse verarbeiten.
3 Ein Backblech mit Alufolie auslegen und ca. 1/3 der Salzmasse 1,5–2 cm dick aufstreichen. Den Wolfsbarsch darauf legen, andrücken und mit der restlichen Salzmasse bedecken. Mit den Händen nachformen. Im auf 220° vorgeheizten Backrohr ca. 40 Minuten garen. Die Garzeit richtet sich nach der Größe des Fisches.
4 Die feste, gebackene Salzkruste mit einem Hammer vorsichtig aufschlagen und den Wolfsbarsch sofort servieren.

Beilage: Rosmarinkartoffeln oder *blitva* (siehe S. 32)

Seeteufelmedaillons in Zitronen-Paprikasalsa
Grdobina s limunom i paprikom

Der Seeteufel oder Angler macht sein grimmiges Aussehen durch feinstes, weißes Fleisch wett, das im Geschmack an Hummer erinnert.

Für 4 Personen:
8 sehr frische Seeteufelschnitzel à 80 g
2 rote Paprika
2 Knoblauchzehen, zerdrückt

1 EL Kapern, 8 grüne Oliven
1/2 Zitrone (unbehandelt), in dünne Scheiben geschnitten
1 guter Schuss Weißwein
3 EL Olivenöl
2 EL Petersil, fein gehackt
Salz, Pfeffer aus der Mühle
Zitronensaft zum Beträufeln

1 Die Paprika mit einem guten Sparschäler schälen, putzen und in feine Streifen schneiden.
2 In einer Pfanne das Olivenöl erhitzen. Die Seeteufelschnitzel salzen, mit Zitronensaft beträufeln und beidseitig nur kurz scharf anbraten. Herausheben und warm stellen.
3 In dem verbliebenen Olivenöl die Paprikastreifen und den Knoblauch anbraten und mit dem Weißwein ablöschen. Bissfest schmoren und die Kapern, die Oliven und die Zitronenscheiben zufügen. Den Petersil einrühren und mit Salz, Pfeffer und eventuell Zitronensaft abschmecken.
4 Die Seeteufelschnitzel einlegen und 2–3 Minuten bei kleiner Flamme gar ziehen lassen. Das Fleisch soll innen glasig sein.

Beilage: Petersilkartoffeln oder cremige Polenta

Mariniertes Thunfischsteak vom Rost
Tunjevina sa gradela

Für 4 Personen:
4 frische Thunfischsteaks (à ca. 200 g)
Salz, Pfeffer aus der Mühle
Marinade:
2 Knoblauchzehen
3 Zitronenscheiben (unbehandelt)
1 Rosmarinzweiglein
2–3 Thymianzweiglein
Olivenöl

1 Die Thunfischsteaks waschen und trocken tupfen.
2 Die Thunfischsteaks mit den Knoblauchzehen, den Zitronenscheiben und den Rosmarin- und Thymianzweiglein in ein weites Gefäß geben und mit Olivenöl knapp bedecken. Über Nacht marinieren.
3 Aus der Marinade heben und erst auf dem Grillrost salzen und pfeffern.

Beilage: gegrillte Melanzani-, Zucchini- und Paprikascheiben und geröstete Weißbrotscheiben, eventuell mit Olivenöl beträufelt und mit zerdrücktem Knoblauch bestrichen.

Gegrillte und gebratene Meerestiere
→ Riba sa gradela

Zum Grillen auf dem Rost können jegliche Art von Fischen oder auch Kalmare, Scampi und Muscheln am Spieß verwendet werden.
Die Tintenfische und Scampi putzen. Die Fische putzen, innen und außen salzen und eventuell mit Zitronensaft beträufeln. Während des Garens auf dem Rost immer wieder mit einem in Olivenöl getauchten Rosmarinzweig bestreichen.

Zum Braten und Frittieren in der Pfanne bieten sich kleinere Fische wie Sardinen oder auch Garnelen und in Stücke geschnittene Tintenfische an.
Die Tintenfische und Scampi putzen. Die Fische putzen, salzen und eventuell leicht in Mehl wenden. In heißem Olivenöl knusprig braten. Sehr kleine Fische wie Ährenfische erst nach dem Frittieren salzen.

Unverzichtbar ist die klassische, dalmatinische Grillsauce. Dazu Knoblauch zerdrücken, Petersil fein hacken und mit ausreichend Olivenöl und Pfeffer zu einer Sauce vermischen. Extra servieren.

Vom Grillen auf dem Rost und Braten unter der *peka*

Die Familien- und Freundesstrukturen sind in Kroatien sehr ausgeprägt. Die Menschen lieben es, sich zwanglos in größeren Gruppen zusammenzufinden, um gemeinsam ausgiebig zu essen, zu trinken und zu singen. Die südlichen Sommer sind heiß, das Meer schenkt fangfrischen Fisch und Meeresfrüchte von erstklassiger Qualität; da finden sich schnell Nadel- und Weinrebenholz oder auch Holzkohle, um die *žerava*, die Glut, für ein entspanntes Grill- oder Bratvergnügen zu schaffen. Die Wahl des richtigen Brennmaterials ist wesentlich für den Geschmack, sagt *Sead*, und ohne Frage auch die *gradelavanje*, die individuelle Brattechnik, in Dalmatien, wie auch anderswo, vornehmlich den Männern überlassen.
Eine besondere Herausforderung an jeden Grillmeister stellt die hübsche Rotbarbe dar, von der sich im Übrigen zwei Arten in adriatischen Gewässern tummeln. Die b*arbun* liebt den sandigen Meeresboden, während die geschmacklich interessantere *ruža* Steine und Felsen vorzieht. Das spezifische Fleisch der Rotbarbe erinnert an Hummer und wird bei unsachgemäßem Grillen schnell hart und knorpelig, man sehe sich also vor.
Fisch, aber auch Fleisch und Gemüse, werden grundsätzlich sehr einfach zubereitet. Nur Salz, Olivenöl und vielleicht etwas Zitrone sind notwendig, um die optimale Geschmacksentfaltung zu erreichen, hin und wieder wird das Grillgut mit einem in Olivenöl getauchten Rosmarinzweig bestrichen. Zerdrückter Knoblauch und gehackter Petersil werden extra serviert, um den Geschmack des fangfrischen Fisches nicht zu beeinträchtigen.
Im kroatischen Küstenland, und insbesondere in Dalmatien, findet sich kaum ein Haus ohne Grilleinrichtung, die sowohl der traditionellen, offenen Feuerstelle entspricht, als auch ein besonderes Lebensgefühl transportiert, das von alleine aufkommt, wenn das Auge zum Horizont wandert und sich das Blau des Himmels und des Meeres miteinander mischen.
Feuer und Asche begleiten aber nicht nur das Braten auf dem Rost, sondern auch eine spezielle, sehr archaisch anmutende Zeremonie, das Braten unter einer schweren Ton- oder Metallglocke, in Dalmatien *peka* und in Istrien *črpnja* genannt. Fisch oder Fleisch werden mit Gemüsen, Gewürzen und Wein in ein flaches, weites Gefäß gefüllt und, mit der *peka* bedeckt, in sehr heiße Glut gestellt. Die Dauer und Qualität des Garvorganges hängt von der Intensität der Glut ab und obliegt dem Können des Koches, der zusätzliches, spezielles Gerät, wie zum Beispiel den *popečak*, eine Hakenstange zum Anheben der heißen Metallglocke, zur Verfügung hat. Zum Reinigen der Feuerstelle dient ein aus den harten Außenblättern der Artischocken gefertigter Besen.

LINKS:
Silvano Giordano Krivičić, Valun
NÄCHSTE SEITE:
Das Braten unter der *peka*-Glocke

Kod barba Tome

9 siehe Landkarte S. 178

23271 Kukljica, Insel Ugljan
t ++385-091-563 28 76
ivan.kastela@zd.hinet.hr
Öffnungszeiten ganzjährig, 11–24 Uhr
Inhaber *Maja Kaštela*
44°02'N 15°15'E. An der Innenseite der Nordmole geschützte Anlegemöglichkeiten, im Hafen genügend Liegeplätze mit Murings.

Noch immer steht Großvater *Tome* frühmorgens um vier Uhr auf und fährt, nach einer Stärkung aus rohen Knoblauchzehen und Schnaps, mit seinem Fischerkahn aus, um im Fanggebiet der Kornaten, das er wie seine Westentasche kennt, nasse Beute zu machen. Großvater *Tome* ist ein Fischer aus Kukljica, dem Fischerdorf nahe der Schiffsdurchfahrt Mali Zdrelac zwischen den Inseln Ugljan und Pašman, und ihm zu Ehren ist die schönste und originellste Konoba benannt, die wir in Dalmatien entdecken konnten.

LINKS OBEN:
Maja und Ivan Kaštela

Die engagierten Wirtsleute *Maja* und *Ivan Kaštela* sind Quereinsteiger aus Marine und Innenarchitektur und wagen einen viel versprechenden Neuanfang mit ihrer erst kürzlich eröffneten und sehr persönlich gestalteten *konoba*. Das fröhliche Innendesign trägt die Handschrift von *Maja Kaštela* und ist in Sonnengelb, Meerblau und Rot gehalten, den Farben der Linienstruktur an der Außenseite des *guc*, des traditionellen Fischerbootes. Und ein *guc* aus dem Jahre 1922 dient sinnigerweise als Ausschank im gemütlichen Innenraum der Konoba, der dominiert wird von der manieristisch anmutenden, gelb-blauen Feuerstelle, auf der Köstlichkeiten wie frischer Kornatenfisch oder Oktopus unter der *peka*, einer Metallglocke, gebraten werden. Erfreulicherweise sind die Stühle und Tische aus schlichtem Holz und heben sich dadurch wohltuend ab von der üblichen Durchschnitts-Plastikware.

Am größten dieser Tische haben wir an einem lauen Juliabend die vielen ausgezeichnet schmeckenden Gerichte verzehrt, die *Ivan Kaštela* für uns vorbereitet hatte – von feinst *marinierten Sardellen* und *šokol*, einer würzigen Rohwurst, über *panierten Miesmuscheln* und *brodet od bakalara* zu einem *Knurrhahn unter der peka*, von Großvater Tome persönlich gefangen. *Ivan* hat seine private Kochleidenschaft zum Beruf gemacht und verfolgt ein Konzept der einfachen, aber authentischen Küche nach traditionellen, mediterranen Rezepten der Region. In Verbundenheit mit der außerordentlich sympathischen Crew können wir nur wünschen, dass der eingeschlagene Qualitätsstandard auch in Zukunft gehalten werden kann.

Knurrhahn unter der Peka

Den Boden eines *peka*-Geschirrs mit Olivenöl bedecken und mit geviertelten Kartoffeln, Zwiebelscheiben, zerdrücktem Knoblauch, geschälten, zerkleinerten Tomaten und Rosmarinzweiglein belegen. Salzen, pfeffern, den geputzten Knurrhahn zufügen und mit 1 l Weißwein übergießen. Mit der *peka*-Haube schließen und in der heißen Glut backen.

Mare

11 siehe Landkarte S. 178

Vela Proversa, Insel Katina
t ++385-099-472656
Öffnungszeiten Anfang Mai bis Ende September, 10–24 Uhr
Inhaber *Vjekoslav Šešelja*
43°52.5'N 15°13.5'E. Zwischen Dugi otok und Kornat am nördlichen Anfang des Nationalparks *Kornati* gelegen. Vor dem Restaurant eine eigene Mole mit Murings, die gegen alle Windrichtungen geschützt ist.

UNTEN LINKS:
Mare Šešelja

Wer hätte gedacht, dass sich Kornatenbewohner als schlechte Fischer bezeichnen und lieber Kartoffeln, Oliven und Wein anbauen, als ihre Tage fischend auf dem Meer zu verbringen. Die Familie *Šešelja*, Besitzer des Kornateninselchens Katina mit seiner altgedienten Seglergastwirtschaft *Mare*, fällt in diese Kategorie. Die *Šešeljas* stammen ursprünglich aus der Herzegowina und vor gar nicht langer Zeit, erzählt man, war es im Restaurant durchaus üblich, auf das Essen warten zu müssen. Die gesamte Familie war dann im Olivenhain oder auf dem Feld tätig. *Mare* ist im Übrigen der Spitzname der legendären Großmutter, die ihr ganzes Leben auf den Kornateninseln verbracht und nicht selten mit ihrem geschützt liegendem Haus sturmzermürbten Fischern Zuflucht bieten konnte. Aber auch in ruhigen Zeiten haben die Fischer es sich nicht nehmen lassen, auf ein Gläschen Wein und einen gebratenen Fisch aus dem letzten Fang vorbeizuschauen.
Mit dem Durchstich der Insel in den sechziger Jahren war es plötzlich notwendig geworden, hungrige Segler verköstigen zu können und damit war der Startschuss für das Restaurant *Mare* gefallen. Natürlich ist man spezialisiert auf Fisch und Meeresfrüchte und *Vjekoslav Šešelja* fischt immer wieder selbst, um für das leibliche Wohl seiner Gäste zu sorgen. Bekannt ist er vor allem für seinen *Hummer mit Spaghetti*, den er nach alter Tradition zubereitet.

Hummer mit Spaghetti

1 kg frischen Hummer in 4 Teile zerlegen. In einen großen Topf geben und Olivenöl, Zwiebel, Knoblauch, Petersil, geschälte Tomaten, Weißwein, Gewürze, Salz und Pfeffer zufügen. Mit Wasser bedecken und auf 1/3 der Flüssigkeit einkochen. In der Zwischenzeit die Spaghetti bissfest kochen und unterheben.

Pojoda

18 siehe Landkarte S. 178

Don C. Marasovica 8, 21480 Vis (Ortsteil Kut), Insel Vis
t ++385-021-711 575
f ++385-021-711 575
Öffnungszeiten ganzjährig, 12–02 Uhr
Inhaber *Zoran Brajčić*
43°04'N 16°12,5'E. Anlegemöglichkeit am kleinen Kai von Kut, allerdings bei Bora und stürmischem Westwind nicht zu empfehlen. Ausweichmöglichkeiten bietet der Haupthafen Vis mit Murings, Strom und Wasser.

Zoran Brajčić

Erst 1989 ist die am weitesten vom kroatischen Festland entfernte Insel Vis (ehemals Lissa) für ausländische Gäste aus ihrem Dornröschenschlaf als Militärschutzgebiet erweckt worden. Von der einstigen Anwesenheit des Militärs zeugen wenige Reste von Stacheldraht und viel unverbaute Natur, von der jegliches Fleckchen fruchtbar-roter Erde landwirtschaftlich genutzt wird. Von alters her berühmt ist die Insel für ihren Wein und für ihre fähigen Fischer aus dem offen zur Adria gelegenen Dörfchen Komiža. In Kut, dem ältesten Teil der Stadt Vis an der Ostseite der Insel, hat sich *Zoran Brajčić* seiner väterlichen Wurzeln und seiner Liebe zum Kochen besonnen und, nach Jahren der Wanderschaft, das bemerkenswerte Lokal *Pojoda* eröffnet, ein kreativer Lichtblick in der dalmatinischen Gastronomielandschaft.

Zoran, der sich schon als zehnjähriger Knirps an den mütterlichen Kochtöpfen zu schaffen gemacht hat, recherchiert und rekonstruiert mit Passion die in Vergessenheit geratenen, spezifischen Rezepte der Insel Vis und bietet neben wechselnden Eigenkreationen Hausmannskost vom Feinsten.

Mit dem vielfältigen Angebot an mediterranen Gewürzkräutern, das in der gängigen Küstenlandküche nur dezent zur Anwendung kommt, wird im *Pojoda* ausgiebig experimentiert und so kann neben zarten *Thunfischsteaks in Wildfenchel-Kapernsalsa* ein *Oktopusgulasch mit Salbei* und *Fisch mit Kichererbsen* probiert werden. Besonderen Wert legt *Zoran* auf seine würzige *fažol i maništra na brodet*, eine dicke Bohnen-Nudelsuppe, von der man unbedingt wissen muss, dass sie im köstlichen Tomaten-Zwiebelsaft eines Fischbrodettos gegart worden ist.

Die gute Küche des *Pojoda* wird angenehm ergänzt durch das kompetente Personal und einen Gastgarten voller schattenspendender Zitronenbäumen.

Fischsuppe

In 1½ l Wasser 1 kleine Zwiebel, 2 Knoblauchzehen, 2 Lorbeerblätter, 1 TL Salz und einige Pfefferkörner aufkochen. Separat dazu 1 Tasse Reis garen. Die kleinen Fische vom letzten Fang putzen und in der Suppe ca. 10 Minuten gar ziehen lassen. Herausheben und das Fleisch in Stücken von den Gräten lösen. Die Suppe in einen zweiten Topf abgießen.

Das Fischfleisch, 2 zerdrückte Knoblauchzehen, 2 EL fein gehackten Petersil, den gegarten Reis und 1–2 EL Olivenöl zufügen. Nochmals kurz aufkochen und mit Salz und frisch gemahlenem Pfeffer abrunden.

ESTAURANT

Stončica

17 siehe Landkarte S. 178

Stončica Bucht, 21480 Vis, Insel Vis

t ++385-021-711952 ++385-091-2512262

Öffnungszeiten April bis November, 0–24 Uhr

Inhaber Brüder *Lincir*

43°04'N 16°15'E. Östlich von Vis gelegene Bucht. Leicht anzusteuern, da der gleichnamige Leuchtturm den Weg weist. Guter Ankerplatz in der nur nach Norden offenen Bucht, am Buchtende allerdings sehr flach.

LINKS:
Pave und Tripo Lincir

Von den Bewohnern der bergigen Insel Vis erzählt man, dass sie lange leben. Die einfache, aber gesunde Ernährung, die primär aus dem natürlichen Lebensraum der Inselbevölkerung kommt, mag eine zentrale Rolle spielen. Die wenigen fruchtbaren *polje* (Karstfelder) werden ertragreich bewirtschaftet, der sandige Boden und frisches Quellwasser tragen ihren Teil bei. Besonders gut gedeiht der Wein von der autochthonen *vugava*-Traube, der schon bei den alten Griechen Rang und Namen hatte. Fangfrischer Fisch ist jederzeit zu haben, Vis wird ihrem Ruf als Fischerinsel noch immer gerecht.

In der von der Stadt Vis einige Kilometer entfernt liegenden Stončica-Bucht praktizieren die vier Brüder *Lincir* sehr erfolgreich diese einfache, aber authentische Lebensweise. Ihre zwischen Tamarisken, Palmen und Schilf am Wasser liegende, schlichte Konoba grenzt direkt an ein großes Gemüsefeld und hauseigene Weinberge. Die Gäste, vorwiegend Segler und Motorbootfahrer, sind eingeladen, durch die Felder zu streifen und Rucola und Tomaten für den biologisch einwandfreien Salat selbst zu pflücken. Den frischen Fisch besorgt Fischer-Bruder *Toni*, der Zickleinbraten kommt vom Hirten-Bruder *Mario*, Grillmeister *Pave* brät auf Weinrebenholz im Freien, dass es eine Lust ist, und Chef *Tripo* hält die Zügel in der Hand auf dem seit Jahrzehnten der Familie *Lincir* zugehörigen Land.

Die saisonal angepassten Gerichte schmecken vorzüglich (im Mai haben wir zum Beispiel *Artischocken mit roten Bohnen* und *Salat aus Weingartenrucola* gegessen) und ein Hit sind die *gebratenen Sardinen,* die auf einen Stab aufgesteckt und über die Glut gelegt werden.

Am kleinen Strand der Bucht von Stončica kann gebadet und Beach-Volleyball gespielt werden und ein- bis zweimal pro Jahr schaut sogar Staatspräsident *Mesić* ganz privat zum vorbestellten Fisch vorbei.

Die Konoba ist auch auf dem Landweg erreichbar, wobei das letzte, steinige Stück zu Fuß zurückgelegt werden muss.

Kartoffeln Stončica

Eine Spezialität des Hauses.
Kartoffeln weich kochen, abgießen und mit einer Gabel oder der Kartoffelpresse fein zerdrücken. Salzen, pfeffern und mit zerdrücktem Knoblauch und Olivenöl vermengen. Mit Rucolablättchen garnieren und lauwarm servieren.

TALIJA
ORGASM
FOR..50 kn.
ONLY AT
Galija
Summer
Terace

Taverna Galija

23 siehe Landkarte S. 178

Vuličevićeva 1, 20210 Cavtat
t ++385-020-478 566 ++385-09-151 49 003
f ++385-020-478 554
Öffnungszeiten April bis Oktober, 11–1 Uhr
Inhaber *Vesna* und *Mislav Burdelez*
42°35'N 18°13,5'E. Die westliche Bucht bildet einen guten Naturhafen. Von der Terrasse am Meer aus bleiben die Boote im Blickwinkel.

Mislav Burdelez

Einmal in Dubrovnik, warum nicht weiter gegen Süden fahren, direkt nach Cavtat. Das schmucke Städtchen bietet nicht nur ein sehr mediterranes Ambiente, sondern auch kulinarische Überraschungen wie die *Taverna Galija*. Sie liegt in der idyllischen Luka-Bucht, am Ende der in einem Halbbogen verlaufenden, palmengesäumten Hafenpromenade.
Die gemütliche Terrasse im Obergeschoß des 300 Jahre alten Hauses und der feine kleine Sitzgarten direkt am Meer, bei Einbruch der Dunkelheit nur von Kerzen beleuchtet, laden zum entspannten Sitzen, Essen und Genießen ein. Und darin liegt das ganze Herz von *Mislav Burdelez*, dem sympathischen Wirt, einem gelernten Juristen. Nachdem das Lokal, nach neunähriger Pause, vor zwei Jahren wieder eröffnet worden ist, hat es sich zu einem Ort der Kommunikation und Freundschaft entwickelt, verbunden mit fürwahr ungewöhnlicher, aber trotzdem bodenständig guter Küche. Das Angebot reicht von sanft marinierten *Rohen Meeresfrüchten* und *Garnelen in Honig* bis zu *Seegurke mit Fenchel* und *Lazanje mit Hummer*. Als Überraschung auf der Speisekarte finden sich frische Seeigel, welche zum Beispiel in Frankreich als Delikatesse äußerst geschätzt, in Kroatien jedoch links liegen gelassen werden. *Mislav* fischt und taucht selbst und die frischen Zutaten der Küche seines Hauses stammen ausschließlich aus der Region. Als besondere Vorspeise serviert *Mislav* in Öl eingelegten Käse, harmonisch kombiniert mit Walnüssen und *Motar*, mariniertem Seegras. Die zum Anrichten verwendeten schlichten Holzplatten sind handgefertigt und entsprechen dem überall spürbaren Wunsch nach Besinnung auf alte Traditionen. Als Attraktion des Hauses gilt *orgazam*, ein Teller mit rohen Meeresfrüchten, dem eindeutig aphrodisische Wirkung bescheinigt werden muss. Frischeste Austern und Miesmuscheln gesellen sich zu rot-schwarz leuchtenden Seeigeln und etwas streng schmeckenden Meereiern. Tatsächlich ein raffiniertes Geschmackserlebnis. Den spritzigen Hauswein liefert ein alteingesessener Weinbauer von der Halbinsel Pelješac, dem Eldorado des kroatischen Weines.

Mariniertes Seegras

Seegras war einst ein gängiges Nahrungsmittel und muss frisch aus dem Meer getaucht werden. Es erinnert im Geschmack an Kapernknospen. Um Seegras zu marinieren, wird es einige Minuten in kochendem Wasser blanchiert und in Essig und Olivenöl eingelegt.

Käse in Öl

Der zum Einlegen verwendete Käse besteht halb aus Kuhmilch und halb aus Ziegenmilch. Er wird von einem ausgewählten Produzenten in kleinen Laiben hergestellt und halbiert in ein weites Gefäß mit Öl eingelegt. Das Gefäß wird nur mit einem Teller verschlossen, um die notwendige Luftzufuhr nicht zu unterbinden.

Von der Weide

Bei Sonnenuntergang nimmt Bruno einen Sack mit altem Brot und geht auf die Weide zu seinen Schafen, die sich erwartungsvoll um ihn scharen. Bietet doch trockenes Brot eine kleine Abwechslung zu der bescheidenen, wenn auch würzigen Weidekost auf der windigen und kargen Insel Cres. Übers Jahr bläst vom Festland her die kräftig-kalte *bura* und trägt die salzigen Schaumkronen des Meeres über das Gras der Insel. Neben den wild wachsenden, aromatischen Kräutern wie Rosmarin, Thymian, Bohnenkraut und Salbei trägt aber eben dieses salzige Weidegras zum spezifisch würzigen Geschmack des Lammfleisches und der Milch der Tiere dieser Region bei. „Die Insel Cres und vor allem die Insel Pag sind von mehr Schafen als Menschen bevölkert", hört man sagen.

Die extensive Schafzucht ist die im kroatischen Küstengebiet am weitesten verbreitete Tierhaltung und war in ländlichen Kulturen schon sehr früh verankert, da sie die Menschen umfassend mit Fellen, Wolle, Leder, Fleisch, Milch und Käse versorgen konnte. Die friedfertigen Schafe und Lämmer fühlen sich am wohlsten in der freien Natur und erlauben durch ihre Duldsamkeit und Anpassungsfähigkeit an oft widrige Wetter- und Ernährungsbedingungen eine problemlose Zucht.

Im Frühling, wenn die frischen Jungzwiebeln geschnitten werden, gibt es das beste Lammfleisch, sei es als Gulasch im Topf, als Kotelett auf dem Rost oder als Braten im Steinofen. Die im Jänner geborenen Lämmer sind noch sehr jung und ihr Fleisch verführerisch zart und wohlschmeckend. Aber auch betagte Schafe finden ihre kulinarische Verwertung. Für das inselspezifische Winteressen *scrobić* wird das intensiv schmeckende Fleisch der sechs bis acht Jahre alten Tiere mit Salz und Pfefferkörnern mindestens drei Stunden gekocht, das Kochwasser anschließend abgegossen und zur Herstellung einer Polenta weiterverwendet.

Keine Frage, die Inseln Cres, Pag und auch Iž sind zu Recht berühmt für das wohlschmeckende Fleisch ihrer schlanken Salzlämmer, während auf den Inseln Korčula

VORDERSEITE:
Ziegen auf der Insel Cres

und Lastovo keine Schafe gehalten werden, sondern ausschließlich Ziegen. Die dalmatinischen Ziegen müssen per Gesetz allerdings angebunden leben, da sie mit Vorliebe die jungen, frischen Triebe der nicht gerade üppigen Inselvegetation fressen. Da haben es die wohlgenährten Ziegen im roterdig-fruchtbaren Istrien besser. Und obwohl sie stolz das istrische Wappen zieren, werden sie dennoch gerne zu Festtagen als Kitzbraten unter der *čripnja* gegart oder am Spieß gegrillt. Auch Kaninchenragout, Fasan, Wildbret und sogar Bärenfleisch, geschmort oder als Schinken getrocknet, tummeln sich auf den Speisekarten, da das waldreiche Küstenhinterland eine noch sehr urwüchsige Fauna beheimatet. Ein kurioser Geselle ist im istrischen Karst zu Hause, nämlich das sanfte, weiße *boškarin*-Rind, welches inzwischen unter Artenschutz steht und wieder heimisch gemacht werden soll.

Generell wird Fleisch aber, bäuerlicher Tradition und den geografisch-klimatischen Gegebenheiten entsprechend, wenig und vorwiegend zu feierlichen Anlässen gegessen. Verwandelt sich jedoch Schweinefleisch in luftgetrockneten *pršut* (Rohschinken), in *šokol* (Rohwurst) oder in *ombolo* (mariniertes und luftgetrocknetes Fleisch), dann darf das kroatische Feinschmeckerherz an vielen Tagen höher schlagen. Fein munden zu dieser Gelegenheit in Olivenöl angebratene und mit Sauerkraut servierte Scheiben vom *ombolo* und absolute Pflicht ist eine bäuerliche Jause mit istrischem oder dalmatinischem *pršut*, Oliven und dem berühmtesten Schafkäse des Landes, dem *paški sir* von der Insel Pag. Das im Übrigen bemerkenswerte Käseangebot im kroatischen Küstengebiet lässt sich bei einem Besuch des örtlichen Marktes prüfen. Geräucherter und ungeräucherter *ovčji sir* (Schafskäse) gesellen sich zu *kozji sir* (Ziegenkäse), *pol i pol* (Mischkäse aus Schafs- und Kuhmilch) und *sir iz ulje* (in Öl eingelegter Käse). Neben *skuta* (Frischkäse aus Molke) wird auch *kajmak*, eine Binnenlandspezialität aus gesalzenem Rahm, angeboten.

RECHTS:
Aus der *Toklarija*
UNTEN:
Käse am Markt von Zadar
Beim Grillen

Rohschinken mit Käse und Oliven
Pršut sa sirom i maslinama

Ein sehr beliebter Vorspeisenteller, der herrlich zu einem Gläschen kühlen Weines mundet und in dieser Kombination die Idee der *konoba* als Wein- und Vorratskeller transportiert.

Istrischen oder dalmatinischen *pršut* (Prosciutto) dünn aufschneiden und liebevoll mit Oliven und typisch dreieckig geschnittenen Scheiben vom Schafs- oder Ziegenkäse anrichten.

Fülle Gorski Kotar Budl goranska

Im Gorski Kotar, dem bergigen Hinterland der Kvarner Bucht, kommt zu Ostern ein mit Speck, Eiern und Zwiebeln gefüllter und so gekochter Schweinemagen auf den Tisch. Er wird in Scheiben geschnitten und mit Schinken, Kren und Frühlingszwiebeln serviert. Unsere Rezeptvariante kommt ohne Schweinemagen aus und schmeckt trotzdem gut.

Für 6 Personen:
100 g durchwachsener Speck, fein gewürfelt
15 Eier
1 Bund Frühlingszwiebeln, fein geschnitten
1/2 Bund Petersil, fein gehackt
250 g Knödelbrot
3 EL warme Milch
Salz, Pfeffer aus der Mühle

1 Das Knödelbrot mit der warmen Milch übergießen.
2 Die Eier schaumig rühren, salzen und die Speckwürfel, die Frühlingszwiebeln und den Petersil zufügen. Mit dem Knödelbrot gut vermischen und mit Salz und Pfeffer abschmecken. 1/2 Stunde rasten lassen.
3 Die Masse in eine gefettete Kastenform füllen und mit Alufolie bedecken. Im auf 220° vorgeheizten Backrohr ca. 40 Minuten im Wasserbad garen.
4 Auf eine längliche Platte stürzen, auskühlen lassen und in Scheiben schneiden.

Speckpflaumen auf Rosmarin →
Smokve s pršutom na ružmarinu

Drei typische Zutaten, die sich zu einem feinen, kleinen Starter zusammengefunden haben.

Für 4 Personen:
12 Dörrpflaumen
12 dünne Scheiben durchwachsenen Speck
12 kleine Rosmarinzweige

1 Jede Dörrpflaume quer mit 1 Speckscheibe umwickeln und auf je 1 Rosmarinzweig aufstecken.
2 Auf ein Blech mit Backtrennpapier legen und im vorgeheizten Backrohr bei 180° ca. 15 Minuten braten.

Speckpflaumen verbinden sich ganz ausgezeichnet mit einem Manöverschluck.

Istrischer Suppeneintopf → Jota istarska

Der vor allem im Winter allgegenwärtige kalte Fallwind der *bura* macht Lust auf deftige, bauch- und herzerwärmende Suppeneintöpfe. Gemüse, Getreide und Selchfleisch oder *pršut* werden vielfältig kombiniert und nennen sich *maneštra* oder *jota*. Die Istrier lieben ihre *maneštra* aus jungem Mais oder Fenchel, in der Kvarner Bucht wird gerne *maneštra* aus Rollgerste gegessen und Süddalmatien ist bekannt für seine *grüne maneštra* aus Kohlgemüsen. Charakteristisch für die traditionelle *jota* ist das Sauerkraut.

Für 6 Personen:
400 g Schweinerippchen oder Selchfleisch
200 g rote Bohnen
500 g mildes Sauerkraut
4 Kartoffeln, würfelig geschnitten
2 Lorbeerblätter
Salz, Pfefferkörner
pešt:
80 g Bauchspeck
1 Hand voll Petersil
3 Knoblauchzehen

1 Die Bohnen über Nacht einweichen.
2 Den *pešt* vorbereiten. Dafür den Bauchspeck, die Knoblauchzehen und den Petersil grob hacken und im Küchencutter zu einer Paste mixen.
3 Das Einweichwasser der Bohnen abgießen und die Bohnen in 1/2 l frischem Wasser zum Kochen bringen. Gleichzeitig in einem zweiten Topf das gewaschene Sauerkraut und die Schweinerippchen in 1 l frischem Wasser zum Kochen bringen.
4 Nach 30 Minuten die halb garen Bohnen mit der Kochflüssigkeit zum Sauerkraut und den Schweinerippchen geben. Die Kartoffelwürfel, den *pešt*, die Lorbeerblätter, die Pfefferkörner und Salz zufügen und noch weitere 30 Minuten kochen. Bei Bedarf zusätzliches Wasser zugießen.
5 Das Fleisch herausnehmen, zerteilen und zur Suppe servieren.

Die *jota* soll nicht zu dick und nicht zu dünn sein. Wenn ich Lust auf eine kompaktere *jota* habe, zerdrücke ich mit einer Gabel einige Kartoffelwürfel und Bohnen.

Pešt

Ein häufig verwendetes Würzmittel an der kroatischen Küste ist der *pešt*. Fetter Bauchspeck (*panceta*), Knoblauch und Petersil werden fein gehackt oder im Küchencutter gemixt. Es soll eine Paste entstehen, die Suppen und Eintöpfe eindickt und eher zu Beginn einem Gericht zugefügt wird, damit sich der Speck gut auskocht. Pešt, mit Salz und Pfeffer versetzt, ergibt im Übrigen einen schmackhaften Brotaufstrich.

Sauerkrautwickler mit Paprikagemüse

← Arambašići sa satarašom

Eine Spezialität aus der Gegend von Sinj, Dalmatien, die besonders gerne im Winter gegessen wird. Wichtig ist die Verwendung von gutem Sauerkraut. *Arambašići* können auch aus Mangoldblättern oder Weinblättern hergestellt werden.

Für 6 Personen (ca. 24 Stück):
1 ganzer Sauerkrautkopf (als Sarmakraut im Handel erhältlich)
1/4 l leichte Rindsuppe
150 g Bauchspeck, aufgeschnitten
Butter zum Fetten der Form
Fülle:
700 g gemischtes Faschiertes aus 450 g saftigem Rindfleisch (Kamm) und 250 g Schweinefleisch
1 Scheibe durchwachsener Speck, klein gewürfelt
1 Zwiebel, fein gehackt
2 Knoblauchzehen, zerdrückt
1 kleine Karotte, fein gewürfelt
1 Ei
geriebene Schale von 1/2 Zitrone (unbehandelt)
Zimt, Muskat, etwas Nelkenpulver, etwas Majoran
Salz, Pfeffer aus der Mühle

1 Die Blätter des Sauerkrautkopfes abwickeln und kurz wässern. Die äußersten Blätter entfernen. Das Wasser abgießen, die Rippen auf den Blattrückseiten mit einem Messer abflachen und die Blattstiele am Ansatz etwas ausschneiden. Sehr große Blätter halbieren. Die Wickler sollen klein gerollt sein.
2 Die Zutaten für die Fülle mischen und gut verkneten. Falls die Masse zu fest ist, etwas Wasser zufügen.
Auf jedes Sauerkrautblatt einen guten Esslöffel Fülle geben, vom Blattansatz her eine Längsdrehung rollen, die Enden gut umschlagen und weiterrollen.
3 Das restliche Sauerkraut fein nudelig schneiden und eine gefettete, feuerfeste Form damit auslegen. Die Sauerkrautwickler eng einlegen, zwischen jeden Wickler eine Scheibe Bauchspeck schichten und mit der heißen Rindsuppe untergießen.
4 Im vorgeheizten Backrohr bei 175° ca. 45 Minuten, je nach Dicke der Wickler, dünsten. Hin und wieder aufgießen. Wenn die Wickler zu stark bräunen, die Form mit einer Alufolie bedecken.

Beilage: Salzkartoffeln

Paprikagemüse Sataraš

Für 6 Personen:
1 Zwiebel
1 grüner Paprika, 1 roter Paprika, 1 gelber Paprika
3 reife Tomaten
3 EL Olivenöl
frische Thymianblättchen
1 Prise Zucker nach Bedarf
Salz, Pfeffer aus der Mühle

1 Die Paprika mit einem scharfen Sparschäler schälen, entstielen und entkernen. Die Tomaten kreuzweise einschneiden und 20 Sekunden in kochendes Wasser geben. Mit kaltem Wasser abschrecken, schälen und entkernen.
2 Die Zwiebel, Paprika und Tomaten würfeln. In einem Topf das Olivenöl erhitzen und die Zwiebelwürfel goldgelb anbraten. Die Paprikawürfel und etwas später die Tomatenwürfel zufügen und bissfest schmoren. Mit den Thymianblättchen, 1 Prise Zucker nach Bedarf, Salz und Pfeffer abschmecken.

Ich ziehe eine Paprikasalsa dem *sataraš* vor. Sie verbindet sich harmonisch mit den Sauerkrautwicklern. Für die Paprikasalsa füge ich dem in 1 TL Butter angebratenen Zwiebel-Paprika-Tomaten-Gemüse 1 kleine, zerdrückte Knoblauchzehe, 1 Schuss Weißwein und 1/8 l leichte Rindsuppe zu, dünste es weich und mixe es im Küchencutter fein. Die nicht zu dünne Sauce passiere ich durch ein Sieb oder die Flotte Lotte, koche sie nochmals auf und schmecke sie mit Salz, Pfeffer, Thymianblättchen und 1 Spritzer Zitronensaft ab.

Lammmedaillons mit Pilzen auf Polentascheiben → Janjeći medaljoni s gljivama

Rezept von *Josip Hrabra*, Split

Für 4 Personen:

4 Lammmedaillons à 200 g
4 dünne Scheiben durchwachsener Speck
1/4 l Olivenöl
2 Schalotten, fein gehackt
2 kleine Knoblauchzehen, zerdrückt
250 g frische, gemischte Pilze
1 EL Butter
3–4 El Rindsuppe
1 dl *prošek* (Dessertwein oder Sherry)
1 EL Pinienkerne
1 TL Senf
1 EL Basilikum, fein gehackt
1 EL Petersil, fein gehackt
1 Spritzer Zitronensaft
Salz, Pfeffer aus der Mühle

1 Die Lammmedaillons leicht plattieren, seitlich mit 1 Scheibe Speck umwickeln und mit einem Zahnstocher befestigen. In einer flachen Schüssel das Olivenöl mit Salz und Pfeffer mischen und die Lammmedaillons 1 Stunde einlegen.
2 Eine feste Polenta kochen und zweifingerdick auf ein Brett oder Blech streichen. Abkühlen lassen und mit einem Glas Kreise in Größe der Lammmedaillons ausstechen.
3 Die Pilze putzen, vierteln und 4 schöne Pilzköpfe für die Garnitur beiseite legen.
4 In einer Pfanne die Butter erhitzen, die Schalotten anbraten und den Knoblauch und die Pilzviertel zufügen. Kurz anbraten und mit *prošek* ablöschen. Mit Rindsuppe aufgießen und die Pinienkerne, den Senf, 1 Spritzer Zitronensaft, Salz und Pfeffer zufügen. Auf kleiner Flamme etwas einkochen. Zum Schluss die gehackten Kräuter zufügen.
5 Die Lammmedaillons aus dem Olivenöl heben und in einer Pfanne bei hoher Temperatur beidseitig scharf anbraten. Die beiseite gelegten Pilzköpfe mitbraten. Die Temperatur reduzieren und die Lammmedaillons 3–4 Minuten pro Seite fertig braten. Das Fleisch soll zartrosa sein. Unter einer Alufolie kurz rasten lassen. Den Bratensatz mit *prošek* ablöschen und zur Pilzsauce leeren.
6 Die Polentascheiben in die Pilzsauce geben, erwärmen und auf je 1 Scheibe die Lammmedaillons setzen. Mit den gebratenen Pilzköpfen garnieren.

Polenta Palenta

250 g Polenta
1 l Wasser, 1 TL Salz
1 Knoblauchzehe, geschält
Muskat, gerieben
Salz

In einem hohen Topf das Salzwasser zum Kochen bringen. Die Polenta langsam einrieseln lassen und gut verrühren. Die Knoblauchzehe zufügen und die Hitze reduzieren. Mit einem Holzkochlöffel die Masse während 20–30 Minuten immer wieder umrühren. Die Polenta ist fertig, sobald sie sich sauber vom Rand des Topfes löst. Mit Salz und Muskat abschmecken.

Anstelle von 1 l Wasser verwende ich auch eine Mischung aus 3/4 l Wasser und 1/4 l Milch. Schmeckt fein in Verbindung mit geriebenem Käse.

Istrischer und dalmatinischer Rohschinken

Wenn kalte Winterstürme die Benützung der Brücke, die Krk mit dem Festland verbindet, unmöglich machen, ist die Insel zwar abgeschnitten, aber dem erst im Wind der *bura* optimal trocknenden Rohschinken vom Schwein, *pršut* genannt, geht es gut. Tätsächlich fehlt auf keiner Speisekarte an der adriatischen Küste ein Vorspeisenteller mit dünn geschnittenem *pršut*, Schafs- oder Ziegenkäse und eingelegten Oliven. Und mögen die Einheimischen zur Vorspeise gesalzenen Fisch oder eine Suppe vorziehen und *pršut* eher im Zuge einer Jause genießen, die Schmackhaftigkeit und Einzigartigkeit des sowohl in Istrien als auch in Dalmatien luftgetrockneten Schinkens steht außer Frage.

Die Bauern und Gastwirte sind spürbar stolz auf ihren hauseigenen *pršut*, der nach alter Tradition gefertigt und in der Dunkelheit und Frische der *konoba*, dem gut gefüllten Wein- und Vorratskeller, gelagert wird. Die Herstellung von *pršut* wird in Istrien und Dalmatien unterschiedlich gehandhabt, das fertige Produkt unterscheidet sich in Farbe, Konsistenz und Geschmack. Der etwas zartere und hellrote *istarski pršut* wird mit Salz und Gewürzkräutern eingerieben, leicht über der Glut von Weinrebenholz und Olivenholz geräuchert und im Kamin zum Trocknen aufgehängt. Der optimale Geschmack wird nach einjähriger Reifung erreicht. Zu den dunkelroten, etwas zäheren dalmatinischen Schinkenarten aus dem Hinterland der Zagora, zählt, neben würzigem *pršut* aus Imotski und Posedarje, der klassisch mediterrane *drniški pršut*. Die natürlich-klimatischen Gegebenheiten um Drniš erlauben die Reifung eines Schinkens in Spitzenqualität, der sogar nach vier Jahren Lagerung als regionale Spezialität gefragt ist. Der nach ungefähr zwei Jahren ausgereifte *dalmatinski pršut* wird, im Gegensatz zum *istarski pršut*, nur eingesalzen oder praktischerweise 40 Tage in Meerwasser eingelegt, um anschließend in der *bura* zu trocknen, meist in eigens dafür vorgesehenen, fensterlosen Häuschen. In den Küchen der bäuerlichen Betriebe, die seit jeher ihren eigenen, lokaltypischen Schinken erzeugen, findet der *pršut* vielfältige Verwendung. Er wird vorzugsweise roh gegessen, aber auch in Öl leicht gebraten, mit *fuži* kombiniert, um Scampi gewickelt oder in Kalamare gefüllt. Und was wäre eine *maneštra* ohne ein Stück *pršut*-Knochens …

Lammkeule mit gefüllten Tomaten Janjetina s punjenim rajčicama

→

Die köstlichste Lammkeule haben wir auf der Insel Cres bei *Antica Kučica* verspeist. Das Fleisch gewinnt sein herrliches Aroma durch das meersalzhaltige und würzige Weidegras der Lämmer.

Für 4 Personen:
1 kleine Lammkeule
2 ganze Knoblauchknollen, ungeschält
800 g Kartoffeln, geschält, halbiert
5 EL Olivenöl, 1/8 l Rotwein
1 Lorbeerblatt, 2 frische Rosmarinzweiglein
Salz, Pfeffer aus der Mühle

1 Die Lammkeule waschen, trocken tupfen und mit ausreichend Salz, Pfeffer und Olivenöl einreiben. Mit dem restlichen Olivenöl, den Knoblauchknollen, dem Lorbeerblatt und den Rosmarinzweiglein in einen großen Bräter oder auf ein Blech geben und in das auf 180° vorgeheizte Backrohr stellen.
2 Nach 20 Minuten die Lammkeule mit dem Rotwein untergießen, wenden und die Kartoffelhälften zufügen. Von Zeit zu Zeit mit Bratensaft begießen und ca. 40 Minuten fertig garen. Das Fleisch soll zartrosa sein.
3 10 Minuten vor Ende der Garzeit die gefüllten Tomaten dazustellen. Nach Ende der Garzeit die Lammkeule rasten lassen und parallel zum Knochen tranchieren. Die ganzen Knoblauchknollen halbieren und als Beilage servieren. Sie schmecken köstlich.

Gefüllte Tomaten mit Mangold und Käse Punjene rajčice

Für 4 Personen:
4 große Tomaten
150 g Mangoldblätter, in Streifen geschnitten
1 Schalotte, fein gehackt
1 kleine Knoblauchzehe, zerdrückt
50 g Frischkäse vom Schaf, 1 EL Brösel
2 EL Olivenöl, Muskat, Salz, Pfeffer aus der Mühle

1 Die Kappen der Tomaten abschneiden und die Tomaten aushöhlen. Die Kappen beiseite legen.
2 Die Schalotte, den Knoblauch und den Mangold im erhitzten Olivenöl anbraten und bissfest dünsten. Mit den Bröseln und dem Schafskäse vermengen und mit Muskat, Salz und Pfeffer würzen. Die Tomaten füllen und mit den Kappen schließen. Zur Lammkeule dazustellen.

Lammgulasch Janjeći gulaš

Für 4 Personen:
600 g Lammfleisch (Keule oder Schulter), ausgelöst
2 Zwiebeln, nudelig geschnitten
2 Knoblauchzehen, halbiert
1 kleine Melanzana, gewürfelt
2 grüne Spitzpaprika, in Streifen geschnitten
1 kleine Karotte, gerieben
3 Tomaten, enthäutet, entkernt, grob gewürfelt
1 TL Tomatenmark
1 kleiner, scharfer Pfefferoni
6 EL Olivenöl, 1 guter Schuss Rotwein
1 Lorbeerblatt, 2 Thymianzweiglein
1 Prise Zimt
1 Spritzer Zitronensaft
2 EL Petersil, gehackt
Salz, Pfeffer aus der Mühle

1 Das Lammfleisch in mundgerechte Stücke schneiden.
2 In einer Pfanne das Olivenöl erhitzen und die Lammfleischstücke unter Rühren von allen Seiten gut anbraten. Salzen und die Zwiebeln und den Knoblauch zufügen. 1 TL Tomatenmark, Gemüse, das Lorbeerblatt, die Thymianzweiglein, den Zimt und den Pfefferoni einrühren, anrösten und mit dem Rotwein ablöschen. Zugedeckt, bei kleinster Flamme, ca. 1 Stunde schmoren. Das Fleisch soll knapp mit Flüssigkeit bedeckt sein, bei Bedarf Wasser oder Rotwein zugießen. Am Ende der Garzeit den Petersil zufügen und mit 1 Spritzer Zitronensaft, Salz und Pfeffer abschmecken.

Beilage: fuži (siehe S. 40) und frischer Krautsalat

Kaninchenpfanne
Kunić u padeli

Gerichte aus Wild sind ein traditionelles Thema in Istrien und im waldreichen Hinterland der Küste, aber auch auf der Insel Vis haben wir zwei muntere Hasen gesichtet. Für unser Gulasch schlagen wir allerdings Kaninchenfleisch vor.

Für 4 Personen:
800 g Kaninchenfleisch, küchenfertig und in Würfeln
80 g Speck, fein gewürfelt
1 große Zwiebel, gehackt
2 Knoblauchzehen, fein gehackt
1 Karotte, gewürfelt
1 EL Tomatenmark
3 EL Hühnersuppe, 5 EL Olivenöl
2 Lorbeerblätter, 1 kleines Rosmarinzweiglein
1 MS Majoran, 1 MS Zimt
2 EL Petersil, fein gehackt
Salz, Pfeffer aus der Mühle
Marinade:
1/2 l Rotwein, 1 Spritzer Rotweinessig
1 Zwiebel, in Scheiben geschnitten
3 Thymianzweiglein
einige Wacholderbeeren und Pfefferkörner

1 In einem flachen Gefäß die Marinade vorbereiten. Das gewürfelte Kaninchenfleisch einlegen und über Nacht ziehen lassen.
2 Die Fleischwürfel aus der Marinade heben und trocken tupfen. Die Marinade in ein Gefäß gießen.
3 In einer Pfanne das Olivenöl erhitzen, die Fleischwürfel scharf anbraten, herausheben und warm stellen. In dem restlichen Olivenöl den Speck und die Zwiebel- und Knoblauchwürfel kurz anbraten und mit 1/8 l der Marinade ablöschen. Die Hühnersuppe, das Tomatenmark, die Fleischwürfel und etwas später die Karottenwürfel und die Gewürze zufügen, salzen und bei kleinster Flamme zugedeckt schmoren lassen, bis das Fleisch weich ist. Bei Bedarf zusätzlichen Wein und Marinade zufügen. Mit Salz und Pfeffer abschmecken und den Petersil einrühren.

Beilage: šuljki (siehe S. 40), aber auch *njoki* oder Polenta

Rinderfiletsteak in Tomatensalsa
← Pržolica

Für 4 Personen:
4 Rinderfiletsteaks à 200 g
1 Zwiebel, gewürfelt
2 Knoblauchzehen, fein gehackt
6 Tomaten
8 schwarze Oliven, in Scheiben geschnitten
einige Kapern
3 EL Olivenöl
2 EL Rindsuppe
1 Schuss Rotwein
2 Thymianzweiglein
Salz, Pfeffer aus der Mühle
Pflanzenöl zum Anbraten

1 Die Tomaten kreuzweise einschneiden und 20 Sekunden in kochendes Wasser geben. Mit kaltem Wasser abschrecken, schälen und entkernen. In Würfel schneiden.
2 Das Olivenöl in einem eher weiten Topf erhitzen und die Zwiebelwürfel und den Knoblauch anbraten. Mit einem Schuss Rotwein ablöschen, mit der Rindsuppe aufgießen und die Tomatenwürfel, die Kapern und die Thymianzweiglein zufügen. Auf kleiner Flamme 15–20 Minuten köcheln, mit Salz und Pfeffer abschmecken und zum Schluss die Olivenscheiben einrühren.
3 Die Rinderfiletsteaks in einer beschichteten Pfanne mit etwas Öl bei hoher Temperatur beidseitig scharf anbraten. Die Temperatur reduzieren und die Rinderfiletsteaks pro Seite 3–4 Minuten fertig braten. Das Fleisch soll rosa bis zartrosa sein. Erst gegen Schluss salzen und pfeffern und unter einer Alufolie kurz rasten lassen.
4 Die Rinderfiletsteaks in den Topf mit der Tomaten-Oliven-Sauce legen, einmal wenden und mit der Tomaten-Oliven-Sauce servieren.

Beilage: Bratkartoffeln

Dalmatinischer Rinderschmorbraten mit Dörrpflaumen →
Dalmatinska pašticada

In Dalmatien verwandelt sich ein gutes Stück Rindfleisch oder Kalbfleisch mit Vorliebe in eine *pastičada*. Dazu wird es mit Speck und Knoblauch gespickt, in Wein oder Essig mariniert und mit Gemüse und Dörrpflaumen langsam weich geschmort. Als traditionelle Zuspeise keinesfalls fehlen dürfen *njoki*.

Für 4 Personen:
1,2 kg Rindfleisch (Weißes Scherzel)
150 g Grüner Speck oder Spickspeck
6–8 Knoblauchzehen
1 Zwiebel, gewürfelt
3 mittlere Karotten, gewürfelt
2 Stangen Staudensellerie, gewürfelt
1 kleiner Apfel, gewürfelt
1 kleine Birne, geschält und gewürfelt
8 Dörrpflaumen ohne Kern
1 Dose geschälte Tomaten
Muskat, gerieben
Zimt, 3 Gewürznelken
1 Lorbeerblatt
1 Rosmarinzweiglein
1/4 l Rotwein
1/8 l Rindsuppe
1/10 l *prošek* (Dessertwein oder süßer Sherry)
2 Spritzer Weißweinessig
3–4 EL Olivenöl
Salz, Pfeffer aus der Mühle

1 Das Fleisch mit Speck und Knoblauch spicken. Den Rotwein mit 1 Spritzer Weißweinessig in einen Topf gießen und das gespickte Fleisch mit den Gemüsewürfeln, dem Rosmarinzweiglein und den Gewürznelken einlegen. Mit Zimt, Muskat und Pfeffer würzen und zugedeckt über Nacht marinieren.
2 Das Fleisch aus der Marinade nehmen, trocken tupfen und salzen. Die Weinmarinade in ein Gefäß abgießen. In einem Bräter das Olivenöl erhitzen und das Fleisch von allen Seiten scharf anbraten. Herausheben und warm stellen.
3 Im Bratenrückstand die Gemüsewürfel anbraten, mit *prošek* und etwas Weinmarinade ablöschen und die geschälten Tomaten, die Obstwürfel und die Dörrpflaumen zufügen. Mit etwas heißer Rindsuppe aufgießen und das Fleisch einlegen. Auf kleinster Flamme ca. 1 1/2 Stunden zugedeckt schmoren. Bei Bedarf Rindsuppe, Weinmarinade und eventuell Wasser zugießen.
4 Wenn das Fleisch gar ist, herausheben und warm stellen. Die Bratensauce passieren und mit Salz, Pfeffer und einem Spritzer Essig abschmecken. Nochmals kurz aufkochen und das Fleisch wieder einlegen. Zum Servieren in Scheiben schneiden.

Beilage: njoki (siehe S. 36), mit Petersil bestreut

Ich spicke das Fleisch mit viel fettem Speck, da es sonst zu trocken wird.

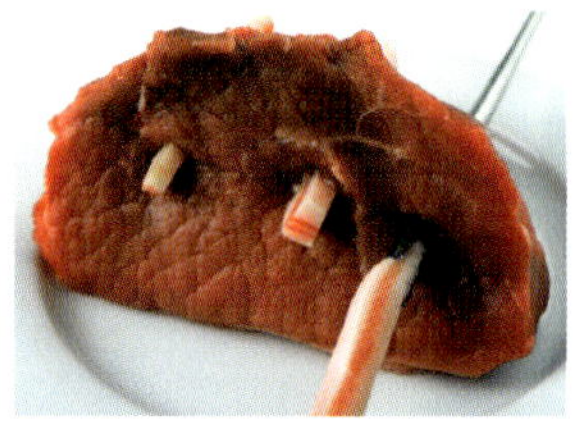

Truthahn Motovun → Puran na motovunski

Im kroatischen Küstenland tritt gefüllter Truthahn mit Vorliebe bei festlichen Anlässen auf. Für unser Rezept ist das istrische Bergstädtchen Motovun Pate gestanden, aber auch Lovran in der Kvarner Bucht bietet ein spezielles Truthahnrezept, in dem sich Obers zur Fülle gesellt.

Für 6 Personen:
6 sehr große, dünn geschnittene Truthahnschnitzel
5 EL Olivenöl
1 dl Weißwein
1 dl Hühnersuppe
Fülle:
100 g eher fettes Faschiertes vom Schwein
3 EL durchzogenen *pršut* (Prosciutto), feinst gewürfelt
1 Ei
2 EL *ovčji sir* (Pecorino oder Parmesan), gerieben
200 g Kastanienreis, tiefgekühlt
1 mittlere Karotte, feinst gewürfelt
etwas Grün vom Staudensellerie, fein gehackt
1 EL Petersil, fein gehackt
1 Spritzer Cognac
1 Spritzer Zitronensaft
Muskat, gerieben
Salz, Pfeffer aus der Mühle

1 Den Kastanienreis auftauen.
2 Die Truthahnschnitzel leicht plattieren und gerade schneiden. Die Schnitzelabschnitte im Küchencutter faschieren und mit dem Schweinsfaschierten, dem *pršut*, dem Kastanienreis, dem verquirlten Ei, der Karotte, dem Selleriegrün, dem Petersil, dem geriebenen Käse, 1 Spritzer Cognac, 1 Spritzer Zitronensaft, Muskat, Salz und Pfeffer gut vermengen.
3 Die Schnitzel ausreichend salzen, zu 2/3 mit der Füllmasse belegen, aufrollen und mit Zahnstochern schließen. In einem Bräter das Olivenöl erhitzen und die Rouladen von allen Seiten scharf anbraten. Mit dem Weißwein ablöschen, die aufgekochte Hühnersuppe zugießen und im auf 220° vorgeheizten Backrohr weiterbraten. Hin und wieder begießen. Nach 10 Minuten die Hitze auf 160° reduzieren, die Rouladen wenden, mit Alufolie bedecken und weitere 15–20 Minuten braten (die Garzeit richtet sich nach Stärke der Rouladen).
4 Die Rouladen unter der Alufolie kurz rasten lassen und die Zahnstocher entfernen. In Scheiben schneiden und mit Bratensaft übergießen.

Beilage: Reis mit Vogerlsalat oder Zucchini-Fritule

Zucchini-Fritule Fritule s tikvicama

2 mittlere Zucchini, geraspelt
100 g Mehl, gesiebt
1 Eidotter, 1 Eiklar
5–6 EL Weißwein
3 EL *ovčji sir* (Pecorino oder Parmesan), gerieben
etwas Basilikum, gehackt
Salz
1/4 l Pflanzenöl zum Ausbacken

1 Das Ei trennen. Aus dem Eiklar Schnee schlagen.
2 Die geraspelten Zucchini mit dem Eidotter, dem Mehl, dem Käse, dem Basilikum und dem Wein vermischen. Den Eischnee unterheben. In einer Pfanne das Öl ausreichend erhitzen und mit einem Löffel kleine Teighäufchen einlegen. Die Zucchini-Fritule portionsweise gleichmäßig ausbacken und auf Küchenpapier gut abtropfen lassen.

Anstelle von Zucchini schmecken auch geraspelte Karotten gut.

Schafskäse und Meersalz aus Pag

Die schmale Insel Pag ist so steinkahl und karg wie keine andere. Der Waldbestand ist einst von den Venezianern gnadenlos abgeholzt worden und der kalte, heftig über die Insel fegende Wind der *bura* hat das Seinige getan, um das Aufkommen neuer Vegetation zu erschweren, aber auch das Weideland mit Meersalz zu würzen. So bedecken nur mageres, salzhaltiges Gras und herb duftende Kräuter wie Salbei, Thymian, Rosmarin und Lavendel die karstige, mondähnliche Geröllandschaft, die von unzähligen, über Jahrhunderte errichteten Steinmäuerchen zum Schutz der Pflanzen gegen die *bura* durchzogen ist. Die vielen, frei weidenden Schafe der Insel haben sich schon lange an die sparsame, aber würzige Kost gewöhnt und liefern mit ihrer dadurch äußerst schmackhaften Milch das Rohmaterial zum wohl berühmtesten Schafskäse Kroatiens, dem *paški sir*.
Der unbestrittene Hauptort der Käseerzeugung ist Kolan, das einzige Dorf im Landesinneren. Die Bauern und Viehzüchter von Kolan verstehen sich von alters her auf die Käserei und haben noch vor gar nicht langer Zeit ihren köstlichen Käse in den *stani*, den kleinen Steinhäusern auf den Schafweiden, die zum Melken dienen, hergestellt. In der Zwischenzeit ist die Produktion in die einzelnen Haushalte verlegt worden und verstärkt kümmern sich Frauen um die Käserei. Die Produktionsmöglichkeit des *paški sir* erstreckt sich von Februar bis Juli, da die jungen Lämmer im Januar geboren werden und die Milch der Schafe nur über einen bestimmten Zeitraum verwendet werden kann. Die beste Qualität wird von Mitte April bis Mitte Juni erreicht. Die bei der Produktion anfallende Molke wird in Stoffsäcken aufgehängt und in den *paška skuta* verwandelt, eine Art Ricotta. Reifer *paški sir* verlangt eine Lagerung von mindestens 6 Monaten und zeichnet sich durch die typisch schwarze Rinde und eine leicht bröckelige Konsistenz aus. Ein *paški sir* mit goldgelber Rinde wird nur 6 Wochen gelagert und besteht aus einer Mischung von Schafs- und Kuhmilch.
Die sengende Sonne Pags verleiht aber nicht nur den Weidekräutern ihr unvergleichlich würziges Aroma, sondern zeichnet auch verantwortlich für das zweite Hauptprodukt der Insel, das Meersalz. Nahe der Hauptstadt Pag erstrecken sich weitflächig die jahrhundertealten Salzgärten. Das Meerwasser in den Becken verdunstet und die so entstandene Salzlacke wird im angrenzenden Betrieb der *Solana Pag* zu hochwertigem Meersalz weiterverarbeitet. Der Ertrag deckt den größten Teil des kroatischen Bedarfes ab.

Kein Essen ohne Brot

Noch warmes Brot wird in Olivenöl getaucht

Am Spätnachmittag eines nicht ganz so heißen Julitages wird im Hause *Klarin* die Feuerstelle im Hof in Betrieb genommen und ein ganzer Oktopus mit Kartoffeln und Wein unter der *peka*-Glocke in die Glut gesetzt. *Josiza*, noch im Badeanzug, beschließt, hausgebackenes Brot beizusteuern und zaubert aus Weizenmehl, Germ, Olivenöl und Milch, schnell und leichthändig, verlockend knusprige Brötchen, sozusagen frisch aus dem Steinofen.

Die Kunstfertigkeit des privaten Brotbackens ist in Kroatien auf Grund der oft bäuerlichen Lebensweise noch sehr geläufig und entspricht der südlichen Einstellung zum Kochen und Essen und dem damit verbundenen, ausgedehnt-geselligen Zusammensein. Und auf die Frage „Warum kein Essen ohne Brot?" folgt die Antwort „Damit ich weiß, wann ich satt bin." Um allerdings nur ein bisschen satt zu werden, bietet sich der pure Brotgenuss à la *Rozario* an. Frisch gebackenes und vor allem noch warmes Brot wird in fruchtiges Olivenöl getaucht und mit einem Schluck Rotwein in den Magen befördert. Absolut perfekt.

Frisches Brot bereichert fast jede Mahlzeit, macht den Fisch fülliger, dient zum Auftunken von köstlichen Suppen- und Saucenresten und wird beim Grillen gerne mitgeröstet, hin und wieder auch mit Knoblauch eingerieben. Unser Freund *Marin* erinnert sich an das Frühstück bei seinen Großeltern auf der Insel Ugljan als eine morgendliche Stärkung aus gerösteten Brotscheiben mit ein paar Tropfen Olivenöl und viel Zucker.

Entlang der Küste wird hauptsächlich weißes Mehl zu flaumig-weichem Brot mit knuspriger Rinde verarbeitet und bei Gelegenheit sogar auf einer Feuerstelle unter der *peka*-Glocke gebacken. Istrien und das dalmatinische Hinterland schätzen auch festeres Brot aus gelbem Maismehl. Wer in der gängigen Brotlandschaft allerdings aus der Reihe tanzt, ist die Insel Vis, auf der sich, wohl auf Grund ihrer festlandfernen Lage, eine für die kroatische Küstenregion etwas speziellere Küche entwickeln konnte. Die *Viška pogača*, ein mit Tomaten, Zwiebeln und Salzsardellen gefülltes Fladenbrot, spricht für sich.

Komižka Pogača

Die Insel Vis ist bekannt für ihre originelle und kräuterbetonte Küche und die Brotspezialität der *pogača* wird ausschließlich hier gebacken. Sie nennt sich, je nach Herkunftsort, *Viška pogača* oder *Komižka pogaca* und unterscheidet sich in der Form und in der Zusammensetzung der Zwiebel-Tomaten-Salzsardinenfülle.

Für 1 mittleres Backblech:
1 kg Mehl
1 Würfel Germ
1 Prise Zucker
1/2 l Wasser
2 EL Olivenöl
1 EL Salz
Mehl zum Ausrollen
Fülle:
2 große Zwiebeln, in dünne Spalten geschnitten
6 Tomaten
10 Salzsardinen (im Fachhandel erhältlich)
alternativ: 12–15 Sardellen in Öl
2 EL Olivenöl
1 kleiner Bund Petersil, fein gehackt
Salz, Pfeffer aus der Mühle

1 Das Mehl in eine weite Schüssel sieben. In der Mitte eine Vertiefung bilden und die zerbröckelte Germ mit 3 EL lauwarmem Wasser und 1 Prise Zucker hineingeben. Leicht verrühren und mit etwas Mehl vom Rand zu einem Vorteig (Dampfl) verarbeiten. Mit Mehl bestäuben, zudecken und an einem warmen Ort 15 Minuten gehen lassen.

2 Das restliche Wasser handwarm erwärmen (maximal 30°), das Salz einrühren und mit dem Olivenöl zum Vorteig und restlichen Mehl geben. Gut verrühren und den so entstandenen Germteig mit einem Kochlöffel kräftig abschlagen, bis er sich von der Schüssel löst. Mit Mehl bestäuben, zudecken und an einem warmen Ort ca. 1 Stunde gehen lassen. Der Germteig soll sein Volumen verdoppeln.

3 In der Zwischenzeit die Tomaten kreuzweise einschneiden und 20 Sekunden in kochendes Wasser geben. Mit kaltem Wasser abschrecken, schälen und in Stücke hacken.
Die Salzsardinen wässern, putzen, trocken tupfen und in Stücke schneiden. (Die Sardellen in Öl auf Küchenpapier abtropfen lassen und in Stücke schneiden).

4 In einer Pfanne das Olivenöl erhitzen und die Zwiebelspalten goldgelb braten. Die Tomaten- und Sardellenstücke zufügen und kurz schmoren. Mit Pfeffer und eventuell Salz abschmecken. Den Petersil einrühren. Beiseite stellen.

5 Den inzwischen aufgegangenen Germteig nochmals zusammenschlagen, in 2 gleich große Stücke teilen und weitere 10 Minuten zugedeckt gehen lassen. Auf einem bemehlten Brett fingerdick in Backblechgröße ausrollen. Die untere Teighälfte soll etwas größer sein, damit sie an den Rändern umgeschlagen werden kann.

6 Das Backblech mit Backtrennpapier versehen und eine Teighälfte auflegen. Mit der vorbereiteten Füllmasse bestreichen und mit der zweiten Teighälfte bedecken. Die Ränder mit der umgeschlagenen, unteren Teighälfte schließen. Nochmals kurz gehen lassen.

7 Die Oberfläche der *pogaca* mit Olivenöl beträufeln und im auf 180° vorgeheizten Backrohr 30–40 Minuten backen. In handliche Stücke schneiden.

Sehr gut machen sich in der Fülle Kapern und frischer Oregano schadet auch nicht.

LINKS:
Komižka pogaca aus der Konoba *Bako* in Komiža, Insel Vis
Auch auf Vorbestellung unter ++385-021-713 742

Toklarija

1 siehe Landkarte S. 178

Sovinjsko Polje 11, Buzet

t ++385-052-663 031

Öffnungszeiten ganzjährig, 13–22 Uhr, Dienstag Ruhetag, mit Reservierung

Inhaber *Nevio Sirotić*

Auf der Fahrt zu Ihrem Starthafen.

LINKS UNTEN:
Nevio Sirotić

Ein wunderschönes kleines Stück Istrien, eingebettet in leicht hügelige Weinberge und erdrote, fruchtbare Felder, haben wir auf der Suche nach der viel gelobten *Toklarija* kennen gelernt, die in Sovinsjko Polje, einem verschlafenen Nest an der *Vinska Cesta*, der Weinstraße zwischen Buzet und Buje, internationale Gäste anzieht. Mit seiner versteckt liegenden und schlecht ausgeschilderten Gastwirtschaft verfolgt *Nevio Sirotić*, der sehr kreative Koch und eigenwillige Wirt, seine persönliche Philosophie der Zurückgezogenheit. Er will sich dem gängigen Gastronomiediktat nicht beugen und damit vor allem Lebensqualität wahren.

Die zahlreichen Gäste finden trotzdem seit Jahren den Weg, wen wundert es, lockt die *Toklarija* doch nicht nur mit dem romantisch-ländlichen Ambiente einer mittelalterlichen Ölmühle und eines lauschigen Küchengartens, sondern auch mit einer sehr feinen, saisonalen Speisekarte. *Nevio* verwandelt Wildspargel, istrischen Mais und jungen *pršut* im Frühjahr und Wild, heimische Trüffeln und Steinpilze im Herbst in wahre Köstlichkeiten, die von Können und besten Zutaten zeugen und vor allem auch optisch ein ungewohnter Genuss sind. Die Weinkarte versammelt die aufstrebenden heimischen Winzer und hält mit dem hohen Niveau der Küche mit, so auch die Preise.

Und wie finde ich schnell und ohne Umwege zur *Toklarija:*

Von Buzet aus die Hauptstraße Richtung Motovun und Buje nehmen. Noch vor der Ortschaft Rušnjak weisen zwei Hinweisschilder mit den Aufschriften „Vinska Cesta" und „Sovinjak" nach links. Hier abbiegen, bis zum Hinweisschild „Sovinjsko polje" fahren und wiederum links abbiegen. Dem sich durch die Hügellandschaft schlängelnden, schmalen Weg folgen bis nach Sovinjsko Polje. Die *Toklarija* liegt linker Hand an der Dorfstraße und ist durch ein kleines, hölzernes Schild auszumachen.

Spargelomelett

Wildspargel in 2 cm lange Stücke schneiden und kurz in kochendem Wasser pochieren. Eier verquirlen, mit den Spargelstücken vermischen, salzen und pfeffern. In einer beschichteten Pfanne etwas Butter erhitzen und die Ei-Spargel-Masse zu einer flaumigen *fritaja* stocken lassen. Etwas dicker geschnittene *pršut*-Scheiben in Olivenöl anbraten und mit der *fritaja* servieren.

bukaleta

Bukaleta

6 siehe Landkarte S. 178

Familie *Kučica*

Loznati, Insel Cres

t ++385-051-571 606

Öffnungszeiten Juni bis September, ab Mittag

Inhaberin *Antica Kučica*

Hauptort Cres, 44°57'N 14°24'E. Geschützte Anlegeplätze bietet der nördliche Haupthafendamm, am Südende der Bucht befindet sich die Marina.

Loza bedeutet Weinrebe und *Antica Kučica* hat das Glück, in Loznati geboren zu sein, einem windgeschützten Dörfchen inmitten von Wein- und Gemüsegärten, nahe dem Hauptort Cres. In einer ehemaligen Schafskäserei hat *Antica*, die umtriebige und freundliche Wirtin, ihre Lammwirtschaft eröffnet und hält bereits seit 22 Jahren an einem Konzept des sanften kulinarischen Tourismus fest. Ein erstaunlich langer Zeitraum, wenn man an die noch sehr junge *čevapčići*- und *rašnjići*-Welt denkt. Das Fleisch und alle Grundprodukte stammen selbstverständlich von der Insel, das Gemüse wird im hauseigenen Garten gezogen und auch der spritzige Hauswein aus der nur noch seltenen *draganela*-Rebe ist Eigenbau und wird vom Vater der Wirtin gekeltert. Besonders gut schmeckt der Wein natürlich aus der *bukaleta*, dem für die Region typischen, handbemalten Weinkrug.

Antica und Ehemann *Bruno* kochen traditionelle Gerichte der Insel nach altbewährten Familienrezepten. Die gut durchdachte Speisekarte ist klein und und umfasst hauptsächlich Gerichte aus Lammfleisch. Die eher karge Insel Cres ist bekannt für ihr würzig schmeckendes Lammfleisch. Die frei laufenden Tiere ernähren sich von wild wachsenden Kräutern und Weidegras, welches durch die Nähe zum Meer und den über die Insel fegenden, kalten Wind der *bura* von salzigem Geschmack durchzogen ist.

Neben dem Restaurant steht im Freien der mit Holzstücken und Ästen beheizte Ofen aus Stein, der die Gäste mit sehr puristisch, aber äußerst köstlich gebratenem Lammfleisch versorgt. Solches weiß auch ein Fischhändler aus Deutschland zu schätzen, der bei *Antica* jedes Jahr drei Wochen lang nur Fleisch isst. Auch das knusprige Brot wird täglich frisch gebacken und besonders zu empfehlen ist das *Lammgulasch mit fuži*. Die *fuži* stammen im Übrigen aus der hauseigenen, kleinen Nudelproduktion, die die Familie *Kučica* in früheren kargen Zeiten als Überbrückung eingerichtet hat und nun erfolgreich weiterbetreibt.

Lammgulasch

Antica verwendet für ihr Gulasch keine Kräuter, da sich die Lämmer der Insel von würzigem Weidegras ernähren.

1 kg Lammfleisch von der Schulter in Würfel schneiden. 1 gehackte Zwiebel in Olivenöl goldgelb anbraten, das Lammfleisch zufügen und unter Rühren ca. 10 Minuten braten. Erst dann Salz, Pfeffer und 1 TL Tomatenmark zufügen, gut durchrühren und mit 1/8 l Weißwein und 1/8 l Wasser aufgießen. Das Gulasch 1 Stunde bei kleinster Flamme köcheln. Bei Bedarf Wasser zufügen. Am Schluss mit fein gehacktem Petersil bestreuen.

RECHTS:
Ivan Bobić und Kollege

Mureta

10 siehe Landkarte S. 178

23262 Pašman, Insel Pašman

t ++385-023-260057 ++385-098-9255903

Öffnungszeiten ganzjährig, 17–01 Uhr, im Sommer auch früher offen

Inhaber *Ivan Bobić*

43°57.5'N 15°23.5'E. Im Hafen von Pašman wird sich an der Innenseite der Mole immer ein Anlegeplatz finden. Hier haben Sie das klarste Wasser der Adria, da der Gezeitenstrom zwischen den Inseln besonders stark ist.

Eigentlich versteht man unter einer *konoba* einen Keller, in dem Wein und diverse Vorräte gelagert und bei Anlass auch angeboten werden. Ein Glas Wein mit ein paar Scheiben Käse und selbst eingelegten Oliven, mehr nicht. In den letzten Jahren ist die *konoba* jedoch Synonym für ein bodenständig und gemütlich gehaltenes Gasthaus geworden und allerorts im kroatischen Küstenland anzutreffen.

Ivan Bobić will das ursprüngliche Verständnis des Begriffes *konoba* wiederbeleben und hat vor drei Jahren aus Überzeugung und mit Sorgfalt das alte Steinhaus seines Großvaters zu einer ausgesprochen hübschen *konoba* in traditionell dalmatinischem Stil umgestaltet. Naturbelassene Materialien liebt er, Plastik ist ihm ein Gräuel, und so finden sich bei *Ivan* viel mediterraner Stein und Tische aus Holz mit kunterbunt zusammengewürfelten, alten Stühlen. Als einzige Speisekarte dient eine runde Schiefertafel.

Ein gemütlicher Treff für die Einheimischen des verschlafenen Ortes Pašman und die überschaubare Zahl Feriengäste. Es gibt spritzigen Wein von der Insel zu verkosten und nur kleine Gerichte wie *Salzsardinen*, *Oktopussalat* oder *frittierte Ährenfische*, einer *konoba* gemäß eben.

Frittierte Ährenfische

Die Ährenfische waschen, sorgfältig trocken tupfen und in reichlich Mehl wenden. In ein größeres Sieb geben und durch Schütteln das überschüssige Mehl entfernen. In einer Fritteuse oder in einem Topf das Öl sehr stark erhitzen und die Ährenfische rasch herausbacken. Auf Küchenpapier gut abtropfen lassen und mit Meersalz bestreuen.

KONOBA

Süßes und Fruchtiges

Die Bäckermeisterin Margareta aus der Stadt Cres ist bis nach Rijeka berühmt für ihre fantasievoll gestalteten Torten, wobei die angebotene Palette von Kuchen in Bootsform über süße Fische bis zu Insellandschaften ganz aus Zucker reicht. Die kleine, etwas versteckt liegende Bäckerei ist durch ihren Duft nach frischem Brot und Apfelstrudel auszumachen, der genauso wie Nussstrudel, Topfenrollen und *kremšnite* seine altösterreichischen Wurzeln nicht leugnen kann. Im Zuge der k. u. k Monarchie ist vor allem an der mondänen Kvarner Riviera um das Seebad Abbazia (Opatija) die Wiener Konditorkunst eingezogen und hat das mit Süßspeisen nicht gerade verwöhnte kroatische Küstenland um einige Leckereien bereichert. Vor allem die gerollte oder dreieckig gefaltete *palačinke*, mit Marmelade, Waldbeeren oder gehackten Nüssen gefüllt, ist aus dem heutigen kroatischen Nachspeisenrepertoire nicht mehr wegzudenken.

Küchenchef *Ivan Javurek* aus Rovinj orientiert sich in seiner Küche sogar an einem Standardbackbuch aus Bad Ischl und erzählt von „keinem kroatischen Sonntag ohne *kolač* (Kuchen)". Gebacken wird mit Begeisterung, das süße Ergebnis kann ein traditioneller *prisnac* sein, eine Art Topfenkuchen, oder ein Germteigstrudel mit Nussfülle, die *povetica*. Und aus den aromatischen Kirschen um Lovran wird mit Leichtigkeit und Bravour ein fruchtiger Kirschstrudel gezaubert, der Teig stammt im Übrigen nur selten aus der Tiefkühltruhe.

An der Kvarner Riviera fühlen sich aber nicht nur Seebadgäste und Kirschbäume wohl, sondern auch die vielen Edelkastanienbäume, die an den Hängen des Učka-Gebirges wachsen. Sie sind großteils in Privatbesitz und zur herbstlichen Ernte versammelt sich die ganze Familie, um gemeinsam die Maroni zu ernten, einzubringen und weiterzuverarbeiten. Wer sich einmal so richtig durch die Maronispe-

VORDERSEITE:
Konditorei in Kukljica

zialitäten der Region durchkosten möchte, dem sei die „Marunada" ans Herz gelegt, das alljährlich im Oktober in Lovran stattfindende kulinarische Fest im Zeichen der Edelkastanie.

Im gesamtem Küstengebiet als süßes Grundprodukt genutzt wird die getrocknete Feige, die im Mittelmeerraum seit der Antike ansässig ist und, neben Honig, über Jahrhunderte Zucker ersetzt hat. Auf der abgelegenen Insel Vis wurde früher, auf Grund der eingeschränkten Versorgung, nur Kuchen aus Feigen gebacken, vielleicht mit Lavendelhonig von der Nachbarinsel Hvar gesüßt. Neben dem aromatischen Lavendel wird auch der breitflächig wachsende, herbe Salbei zur Honigproduktion verwendet, findet aber in der gängigen Fleisch-, Fisch- und Gemüseküche interessanterweise keine Verwendung. „Das wäre ja bittere Medizin", meint *Antica*. Das beliebteste Backwerk der gesamten Küste sind die süßen *fritule* oder *frite*, herausgebackene Germteigbällchen, unverzichtbar am Heiligen Abend. Im Fasching werden die straubenähnlichen *kroštule* angeboten und bei einem dalmatinischen Osterfrühstück darf die traditionelle *pinca* in Begleitung von Schinken, Eiern und Frühlingszwiebeln nicht fehlen.

Das Angebot an Früchten, Beeren und Nüssen entspricht dem Mittelmeerraum und findet seinen Weg weniger in den Marmeladetopf als in die hauseigenen Schnaps- und Likörflaschen. Der international bekannte *Maraschino* wird seit dem Mittelalter aus der speziell um Zadar gedeihenden Maraska-Weichsel destilliert. Bereits im 16. Jahrhundert beherrschten Dominikanermönche die meisterhafte Produktion des herb-süßen Weichsellikörs, *rosolj* (Rose der Sonne) genannt, und 1821 startete der Genuese Girolamo Luxardo unter dem Produktnamen *Maraschino* seine berühmte Destillerie in Zadar, seit Ende des Zweiten Weltkrieges allerdings in Italien ansässig. Das weitergeführte kroatische Label läuft unter *Maraska d.d.*

Ein fast altmodischer Rosenlikör, *rožolin,* wurde uns beim Weinbauern *Ivica* kredenzt. Sein Name erinnert sowohl an *rosolj* als auch an die Rosenblüten, die zu seiner Herstellung verwendet werden. Zu Beginn des 20. Jahrhunderts hat sich dieser delikate Likör aus Rosenblüten, Rosenöl und Honig unter *rosolio* europaweiter Beliebtheit erfreut.

RECHTS:
Ivan Javurek, Rovinj
NÄCHSTE SEITE:
Marijana, Zadar
Palatschinken
Honiggläser
Pfirsichkiste
Wassermelonen

Schneeroulade mit Erdbeeren
Rolada od snjega s jagodama

Unsere Freundin *Višnja* liebt die Insel Korčula und hat von dort die *Rolada od snijega* mitgebracht.

Ein Rezept von *Višnja Tuskan-Krupić*, Zagreb

Für 6–8 Personen:
5 Eiklar
180 g Zucker
3 EL Mandeln oder Nüsse, fein gehackt
Zimt
1/4 l Obers, 1 Pk. Sahnesteif
250 g reife Erdbeeren
Maraschino
1 Prise Salz

1 Die Erdbeeren waschen und in kleine Stücke schneiden. Mit etwas Maraschino beträufeln.
2 Die Eiklar mit 1 Prise Salz und dem Zucker zu Schnee schlagen. Ein Blech mit Backtrennpapier auslegen und die Eischneemasse ca. 1 cm dick aufstreichen. Mit den gehackten Mandeln und Zimt bestreuen. Im auf 180° vorgeheizten Backrohr 10 Minuten backen. Der Zimt soll nicht verbrennen.
3 Ein leicht befeuchtetes Geschirrtuch über die gebackene Eischneeplatte legen und das Blech auf eine Arbeitsfläche wenden. Mit Hilfe eines Messers das Backtrennpapier vorsichtig abziehen und die Eischneeplatte abkühlen lassen.
4 Das Obers laut Anleitung mit Sahnesteif schlagen und 2/3 davon auf die Eischneeplatte aufstreichen. Am oberen Rand einen 3 cm breiten Streifen frei lassen. Mit den Erdbeeren belegen und mit Hilfe des Geschirrtuches zu einer Roulade aufrollen. Im Kühlschrank kalt stellen.
5 Vor dem Servieren das restliche Obers steif schlagen, die Schneeroulade einstreichen und in Scheiben schneiden.

Maronenroulade
Rolada od marona

Rund um Opatija gibt es feine Süßspeisen aus Edelkastanien zu genießen und in Lovran, dem hübschen Kurort mit k. u. k. Flair, haben wir die leckere *Rolada od marona* entdeckt. Die Fülle aus Buttercreme wird durch eine dem nahen Italien entliehene Mascarponecreme ersetzt.

Für 4 Personen:
500 g Kastanienreis, tiefgekühlt
alternativ: 500 g Kastaniencreme, ungezuckert
2 EL Kastanienmehl
70 g Staubzucker, gesiebt
1 TL echter Vanillezucker
2 EL Rum
Fülle:
200 g Mascarpone
alternativ: 250 g Topfen
2 kleine Eidotter
40 g Zucker
Cognac
Schokoladeglasur:
80 g dunkle Kuvertüre, grob gehackt
80 g Butter
Schokoladeraspeln zum Bestreuen
Zucker zum Bestreuen der Alufolie

1 Den Kastanienreis auftauen und etwas antrocknen lassen. Anschließend mit dem Staubzucker, dem Vanillezucker, eventuell dem Kastanienmehl und dem Rum zu einem festen Püree verarbeiten.
2 Die Eidotter mit dem Zucker schaumig schlagen. Mit dem Mascarpone gut verrühren und mit etwas Cognac abschmecken.
3 Eine Alufolie mit ausreichend Zucker bestreuen und das Maronipüree ca. 1/2 cm dick über die Breite der Folie aufstreichen. Die Mascarponefülle darauf verteilen und mit Hilfe der Folie zu einer Roulade rollen.
4 Die dunkle Kuvertüre und die Butter getrennt im Wasserbad schmelzen. Auf Lippenwärme abkühlen, miteinander vermengen und die Maronenroulade überziehen. Mit Schokoladeraspeln bestreuen und im Kühlschrank kalt stellen.

Zimtparfait mit Weichselsauce ←
Parfait od cimta u umaku od višnja

In Dalmatien ist die fruchtige Maraska-Weichsel heimisch, die nicht nur frisch vom Baum gut schmeckt, sondern auch zu *Maraschino*, dem bekannten Weichsellikör, verarbeitet wird.

Für 4–6 Personen:

1 Ei
2 Eidotter
80 g Zucker
2 TL Zimt
2 EL Rum
1/4 l Obers
geröstete Mandelblättchen zum Garnieren

1 Das Ei und die Eidotter mit dem Zucker und dem Zimt über heißem Wasserdampf sehr cremig aufschlagen. (Die Ei-Zucker-Masse soll sich erwärmen, darf aber eine Temperatur von 60° nicht überschreiten, da sie sonst gerinnt). Rasch kalt schlagen und den Rum einrühren. Das Obers steif schlagen und behutsam unterheben.

2 Die Masse in eine mit Folie ausgelegte Kastenform oder in Dariolförmchen (kleine Auflaufförmchen) füllen und über Nacht im Tiefkühlfach frieren. Vor dem Servieren die Form kurz in heißes Waser stellen und stürzen. Das Zimtparfait etwas antauen lassen und mit der Weichselsauce und gerösteten Mandelblättchen servieren.

Weichselsauce Umak od višnja

400 g Weichseln
1–2 EL Zucker
7 EL leichter Rotwein
1 EL Orangensaft
1 Orangenscheibe (unbehandelt)
1 gestrichener TL Stärkemehl
1 Spritzer Maraschino

1 Die Weichseln waschen und entkernen.

2 Den Rotwein mit dem Zucker kurz aufkochen, den Orangensaft, die Orangenscheibe und die Weichseln zufügen und ca. 5 Minuten köcheln lassen. Die Orangenscheibe entfernen. Das Stärkemehl mit wenig kaltem Wasser anrühren, in die heiße Weichselsauce einrühren und zum Eindicken kurz aufkochen. Mit 1 Spritzer Maraschino abschmecken.

Im Winter, wenn der Markt keine frischen Weichseln bietet, harmoniert das Zimtparfait sehr gut mit einer schlichten Orangensauce. Ich koche dazu 1/8 l Orangensaft mit 2 EL Zucker oder 2 EL Honig und 8 hauchdünnen Streifen von der Orangenschale (unbehandelt) einige Minuten auf und rühre 1 gestrichenen Teelöffel, in kaltem Wasser aufgelöstes Stärkemehl ein. Die leicht eingedickte Orangensauce runde ich mit 1 EL Grand Marnier ab.

Zitronensorbet Sorbet od limuna

Für 4 Personen:
1/8 l Wasser
90 g Zucker
1/8 l Zitronensaft, durch ein Sieb abgegossen
etwas geriebene Zitronenschale (unbehandelt)
1 EL *prošek* (süßer Dessertwein)
1 Eiklar
Zitronenmelisse zum Garnieren

1 In einem Topf das Wasser und den Zucker kurz aufkochen. Abkühlen lassen und mit dem Zitronensaft, der geriebenen Zitronenschale und dem *prošek* gut verrühren. 1 Stunde im Tiefkühlfach anfrieren, aufrühren und das nur leicht geschlagene Eiklar unterheben.
2 Nochmals für 4 Stunden in das Tiefkühlfach stellen, hin und wieder aufrühren und vor dem Servieren im Küchencutter aufmixen. Besitzer einer Eismaschine ersparen sich natürlich das mehrfache Aufrühren.
3 In kleinen Portionen anrichten, mit Zitronenmelisse garnieren und rasch servieren.

Rožata Rožata

→

Die *rožata* ist nichts anderes als eine *Crème Caramel* mit charmantem Namen, der an Rosen erinnert. Früher wurde die *rožata* tatsächlich mit ein paar Tropfen Rosenöl verfeinert, welches über das Meer in die Küstenstädte gelangt war.

Für 6–8 Personen:
1 l Milch
1 Vanilleschote
6 Eier
140 g Zucker
1 Stück Zitronenschale (unbehandelt)
2 EL Rum
Karamell:
180 g Zucker für den Karamell
1–2 Tropfen Rosenwasser

1 In einem kleinen Topf den Zucker zu mittelbraunem Karamell schmelzen, mit 1–2 Tropfen Rosenwasser abrunden und in kleine, feuerfeste Auflaufformen gießen. Achtung, der Karamell wird sehr heiß.
2 Die Milch mit der aufgeschnittenen Vanilleschote und 1 Stück Zitronenschale aufkochen und beiseite stellen. Die Eier mit dem Zucker schaumig rühren und die vanillisierte Milch langsam durch ein Sieb zugießen. Gut verrühren und in die kleinen Auflaufformen füllen.
3 Die *rožata* im auf 180° vorgeheizten Backrohr ca. 30 Minuten in einem sehr heiß aufgegossenen Wasserbad garen. Abkühlen lassen, im Kühlschrank kalt stellen und vor dem Servieren auf Teller stürzen.

In Dalmatien wird für die *rožata* vorzugsweise eine große Auflaufform verwendet. Der Arbeitsablauf ist der Gleiche, allerdings wird die abgekühlte *rožata* nicht gestürzt, sondern in der Form in tortenähnliche Stücke geschnitten und mit dem verflüssigten Karamell übergossen.

Paradiesspeise Paradižet

Ein wahrhaft paradiesischer Genuss, den uns *Ivan Kaštela* in seiner Konoba in Kukljica als spezielle Überraschung serviert hat.

Für 4 Personen:
1/2 l Milch
1 Vanilleschote
4 Eidotter
4 Eiklar, 1 Prise Salz, 2 EL Zucker
60 g Zucker
1 TL Stärkemehl
ca. 16 Biskotten
Rum zum Beträufeln
Schokoladeraspeln zum Bestreuen
gehackte Mandeln zum Bestreuen
etwas geriebene Zitronenschale (unbehandelt)

1 In einem Topf die Milch mit der aufgeschnittenen Vanilleschote aufkochen und beiseite stellen. Die Eidotter mit dem Zucker schaumig rühren und die vanillisierte Milch langsam durch ein Sieb zugießen. Gut verrühren und in den Topf zurückfüllen.
2 Das Stärkemehl in etwas kalter Milch anrühren und der Ei-Milch-Masse zufügen. Zum Eindicken langsam und nur kurz aufkochen. Kalt schlagen.
3 Die Biskotten in Dessertschüsseln schichten und mit Rum beträufeln. Mit der Vanillecreme auffüllen und im Kühlschrank kalt stellen.
4 Vor dem Servieren die Eiklar mit 1 Prise Salz und 2 EL Zucker zu festem Schnee schlagen. In einem weiten Topf Wasser zum Kochen bringen. Mit einem Kochlöffel vom Eischnee große Nocken abstechen und auf das kochende Wasser setzen. Auf jeder Seite 1 Minute pochieren, herausheben und auf einem Tuch abtropfen lassen.
5 Die Schneenocken auf die Vanillecreme setzen und mit etwas geriebener Zitronenschale, Schokoladeraspeln und gehackten Mandeln bestreuen.

Ich kenne dieses Rezept unter *Götterspeise* und verwende anstelle von Eischnee geschlagenes Obers.

Gebackene Feigen mit Honigrahm → Pečene smokve u medu

Für 4 Personen:
8 reife Feigen
Zucker zum Bestreuen
Birnenschnaps zum Beträufeln
2 EL geriebene Mandeln
Butterflocken
Honigrahm:
1/4 l Sauerrahm
1 EL Honig
1 Spritzer Zitronensaft

1 Die Feigen waschen, halbieren und, mit der angeschnittenen Seite nach oben, auf ein mit Backtrennpapier belegtes Blech geben. Mit Zucker bestreuen, mit Birnenschnaps beträufeln und mit den geriebenen Mandeln und je 1 Butterflocke belegen. Im auf 220° vorgeheizten Backrohr 4 Minuten backen.
2 Den Sauerrahm mit 1 EL Honig und 1 Spritzer Zitronensaft gut verrühren und mit den lauwarmen Feigen servieren.

PAF
AMADEO

Feigen und Schnaps

Der Anruf bei einer mit Bleistift notierten Nummer genügt und Weinbauer *Ivica Duboković* aus Hvar kocht für „Freunde" in seiner privaten, noch authentischen *konoba*, inmitten von Weingärten und Feigenbäumen. Und ein Teller mit süßen, noch kaum getrockneten Feigen und eine in der Abendsonne glänzende Karaffe *martina* (Myrtenschnaps) erwarten die Gäste auf der lauschigen Terrasse als typischer Willkommensgruß und Auftakt zu einem großartigen Mahl.

Die Kombination Feige und Schnaps dient im Übrigen nicht nur der kulinarischen Entspannung, sondern stärkt auch die Bauern vor ihrem frühmorgendlichen Gang zur Weinlese. Vier Feigen genau müssen es sein, meint *Ivica*. Und es können mit Rosmarin und Lorbeerblättern gepresste, getrocknete Feigen sein, wie sie in den hoch gelegenen Dörfern von Hvar als Spezialität geboten werden. Die oft übliche Art, getrocknete Feigen in Abwechslung mit frischen Lorbeerblättern zu hübschen Kränzen zu flechten, mag an die alten Römer erinnern, die die Feige als ein Symbol der Fruchtbarkeit und des Wohlbefindens verehrt haben. Die ursprünglich aus dem Orient stammende Feige und im Besonderen die getrocknete Feige ist von alters her ein wichtiges Nahrungs- und Süßungsmittel in allen Mittelmeerkulturen und in der gesamten kroatischen Küstenregion als Zwischendurch-Snack und Nascherei beliebt. Kein Fest ohne Feigenkuchen oder Feigenstrudel und in der Adventszeit im Kvarner geht die Feige im *smokvenjak* wieder ihre harmonische Gemeinschaft mit Schnaps ein. Für den *smokvenjak* werden getrocknete Feigen passiert, mit vorzugsweise *loza* (Tresterschnaps) und fein gehackten Nüssen vermengt und zu einem Laib oder einer Rolle geformt. Der Laib kommt auf ein Holzbrett und muss mindestens zwei Wochen, praktischerweise in der *bura*, trocknen. Auf der Insel Vis wird ein ähnliches, hochprozentiges Feigenbrot zubereitet. Es nennt sich *hib*, ist angereichert mit Fenchelkraut, Lorbeer und Rosmarin und trocknet nur für kurze Zeit in der Sonne.

Feigen wandern auch mit Vorliebe direkt in den Schnaps, meist gemischt mit in Scheiben geschnittenen Zitrusfrüchten und Gewürzkräutern, die nicht nur dem geschmacklichen, sondern auch dem optischen Aufputz dienen. Im safrangelben *travarica*, also Kräuterschnaps, aus Korčula finden nicht weniger als zweiundzwanzig inseleigene Kräuter wie Wermut, Anis, Myrte, Raute, Fenchel, Thymian, Rosmarin und Safran zusammen, um dem Schnaps sein unvergleichliches Aroma zu verleihen. Da muss sich der *biska*, der Mistelschnaps aus Istrien mit nur einem Kraut begnügen, was aber seiner aufmunternden und geselligen Wirkung keinen Abbruch tut.

Kirschstrudel Štrudla od trešanja

←

Lovran ist nicht nur für seine herbstlichen Edelkastanien an den Waldhängen des Učka-Gebirges bekannt, sondern punktet auch im Frühjahr mit süßen, dunkelroten Kirschen. In einenStrudel verpackt, erinnern sie an die k. u. k. Dessertkünste an diesem Teil der Küste.

Für 8 Portionen:
200 g Strudelteig, tiefgekühlt
Fülle:
1 1/2 kg Kirschen
50 g Semmelbrösel
alternativ: 1 Stück Brioche, klein würfelig geschnitten
40 g Butter
80 g Mandeln, gerieben
80 g Zucker
Zimt
etwas geriebene Zitronenschale (unbehandelt)
60 g flüssige Butter zum Bestreichen
Staubzucker zum Bestreuen

1 Den Strudelteig auftauen lassen. Die Kirschen waschen und entkernen.
2 In einer Pfanne die Butter erhitzen und die Semmelbrösel knusprig rösten. Die Semmelbrösel mit dem Zucker, Zimt, der geriebenen Zitronenschale und den Mandeln vermengen und unter die Kirschen heben.
3 Den Strudelteig nach Anleitung vorbereiten und maximal 2/3 der Teigfläche mit der Kirschfülle belegen. Seitlich einen Rand zum Einklappen freilassen. Den Teig aufrollen, die Enden gut verschließen und den Strudel mit flüssiger Butter bestreichen.
4 Den Kirschstrudel vorsichtig auf ein mit Backtrennpapier belegtes Blech heben und im auf 200° vorgeheizten Backrohr ca. 20 Minuten backen. Abkühlen lassen und mit Staubzucker bestreuen.

Mit Zimt verfeinertes geschlagenes Obers ist der ideale Begleiter für diesen Kirschstrudel.

Mandelkuchen Kolač od mindula

Für 12 Portionen:
500 g weiße Mandeln, fein gerieben
6 Eier
250 g Zucker
1 TL echter Vanillezucker
geriebene Schale von 1 Zitrone (unbehandelt)
1 Prise Zimt
2 Tropfen Rosenwasser
1 Prise Salz
Butter und Mehl zum Fetten der Springform
Staubzucker zum Bestreuen

1 Die Eier und den Zucker und 1 TL Vanillezucker schaumig rühren. Die Zitronenschale, 1 Prise Salz, den Zimt und das Rosenwasser zufügen und löffelweise die Mandeln einrühren.
2 Die Masse in eine mit Butter gefettete und mit Mehl bestäubte Springform geben und im auf 160° vorgeheizten Backrohr ca. 50–60 Minuten backen.
3 Den Mandelkuchen in der Form auskühlen lassen und mit ausreichend Staubzucker bestreuen.

Dieser Mandelkuchen verbindet sich gut mit einem Žavajon. Ich schlage 4 Eidotter, 3 EL Zucker und 1 dl Weißwein über einem Wasserbad dickcremig auf.

Fritule Fritule

→

Die wohl bekannteste Süßspeise im gesamten kroatischen Küstenland sind *fritule* oder *frite*, in Öl herausgebackene, kleine Germkrapfen. Traditionellerweise werden sie zur Weihnachtszeit gebacken, sie können aber genauso einen lauen Sommerabend versüßen. *Ozana Marcelić* hat für uns im Juli *fritule* gebacken. Auf ihrer meernahen Terrasse haben wir sie in gesüßten Birnenschnaps getaucht und mit Genuss verzehrt.

Ein Rezept von *Ozana Marcelić*, Insel Ugljan

Für 6 Personen:
500 g Mehl
40 g Germ
1 Ei
3 Eidotter
70 g Zucker
1 TL echter Vanillezucker
1/4 l Milch
50 g Butter
1 gestrichener TL Salz
geriebene Schale von 1/2 Zitrone (unbehandelt)
etwas Orangenschale (unbehandelt)
1 säuerlicher Apfel, gerieben
80 g Rosinen, in 3 EL Rum eingeweicht
Zimt, Nelkenpulver, Muskat
ca. 3/4 l Pflanzen- oder Erdnussöl zum Ausbacken
Zucker oder Staubzucker zum Bestreuen

1 Das Mehl in eine Schüssel sieben. In der Mitte eine Vertiefung bilden und die zerbröckelte Germ mit 1 TL Zucker und 2 EL lauwarmer Milch hineingeben. Leicht verrühren und mit etwas Mehl vom Rand zu einem Vorteig (Dampfl) verarbeiten. Mit Mehl bestäuben, zudecken und an einem warmen Ort 15 Minuten gehen lassen.

2 Die Milch handwarm erwärmen (maximal 30°) und die Butter, den Zucker, 1 TL Vanillezucker und das Salz einrühren. Das Ei und die Eidotter verquirlen und mit den restlichen Zutaten zum Vorteig geben. Gut verrühren und den so entstandenen Germteig mit einem Kochlöffel kräftig abschlagen, bis er sich von der Schüssel löst. Der Teig soll eher weich bis mittelfest sein. Mit Mehl bestäuben, zudecken und an einem warmen Ort ca. 1 Stunde gehen lassen. Der Germteig soll sein Volumen verdoppeln. Den Germteig nochmals zusammenschlagen und weitere 10 Minuten gehen lassen.

3 In der Zwischenzeit in einer Pfanne das Öl erhitzen und mit einem in Öl getauchten Kaffeelöffel aus dem Germteig walnussgroße, kugelähnliche Stücke abstechen. Die Fritule in Öl schwimmend gleichmäßig goldbraun ausbacken. Auf Küchenpapier abtropfen lassen und mit Zucker bestreuen. Lauwarm servieren.

Um eine schön runde Form zu erreichen, steche ich die Teigstücke mit einem Kaffeelöffel ab und forme sie vorsichtig mit den Händen zu Kugeln.

Die Weine im kroatischen Küstenland

Das kroatische Küsten- und Inselgebiet zählt ohne Zweifel zu den ältesten Weinanbaugebieten Europas und ist stolz auf seine Vielzahl an Sorten und der damit verbundenen, ausgeprägten Trinkkultur. In den letzten Jahren wurde der Ausbau der Weine durch den engagierten Einsatz vor allem junger Winzer bemerkenswert verbessert und es bestehen durchaus Chancen, im Zuge neuerer Technologien und einer geänderten Weinpolitik, zum internationalen Spitzenfeld aufzuschließen.

So bietet in Süddalmatien die Halbinsel Pelješac auf einer überschaubaren Fläche die optimalen Grundvoraussetzungen für einen vollkommenen Wein, den dunkelrubinfarbenen, aromatischen *dingač*. Die Rebe, der Boden, die klimatischen Bedingungen und das Know-how der alteingesessenen Kleinwinzer ermöglichen die Produktion dieses einzigartigen Weines. In kleinen, steinigen Feldern an bis zu 60 Grad zum Meer abfallenden Steilhängen um den Ort Dingač werden die widerstandsfähigen Rebstöcke von der Sorte *plavac mali* sorgfältig gepflegt und durch die Sonne zweifach verwöhnt, einmal direkt vom Himmel und einmal durch die Reflexion vom Wasser. Auf Grund des trockenen Klimas und der exponierten Lage werden die Trauben nicht gespritzt und teilweise noch mit Hilfe von Eseln geerntet. Auch der k. u. k Wiener Hof wusste den aromatischen *dingač* zu schätzen und verlieh ihm den Namen *Kaiserwein*. Heute ist der unangefochtene Kaiser auf dem Pelješac der erfolgreiche Kalifornienheimkehrer *Miljenko Grgić* (*Mike Grgich*), der im Übrigen überzeugt ist, dass der etwas heimatlose, kalifornische *Zinfandel* seine Wurzeln in der *plavac mali*-Traube hat.

Die *plavac mali* ist die bekannteste rote Rebsorte in Dalmatien und wird auch auf der Insel Hvar, an den Steilhängen von Sveta Nedjelja, von *Zlatan Plenković* zum ausgezeichneten *Zlatan plavac* ausgebaut, der bereits internationale Preise einheimsen konnte. Der einst schwer zugängliche Weinbetrieb ist inzwischen über einen provisorisch durch den Berg geschlagenen Tunnel erreichbar.

Außergewöhnliche weiße Weine bieten der sandige Boden der Insel Vis mit der schon bei den alten Griechen begehrten *vugava*-Traube, die Insel Korčula mit ihrem *grk*, *pošip* und *maraština* und die Insel Krk mit der autochthonen Rebsorte *žlahtina*, die nur um den Ort Vribnik gedeiht.

Eine spürbare Renaissance des Weinbaues erlebt das fruchtbare Istrien mit seinen traditionellen Weinbaugebieten an der Küste um Poreč und Buje und im Landesinneren um Buzet. Drei ausgeschilderte Weinstraßen machen es leicht, einen fruchtig-dunkelroten *teran* oder einen goldgelben *malvazija* zu verkosten und wer istrische Weine der Spitzenklasse kennen lernen möchte, dem sei ein Besuch beim Winzer *Gianfranco Kozlović* in Momjan empfohlen.

NÄCHSTE SEITE:
Vis

OCEANIS 361

Konoba "VATRICA

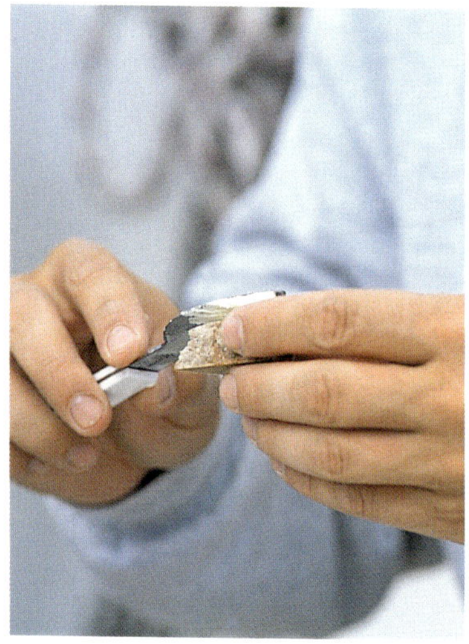

ANDREA BOCHDANSKY, ERNST MICHALEK

Das Kochen an Bord

Erinnern wir uns zurück, wie es war, als wir von zu Hause ausgezogen sind. Unsere erste eigene Wohung – unsere erste eigene Küche. Plötzlich war alles viel kleiner, als man es gewohnt war. Was immer man gerade gebraucht hätte, war einfach nicht vorhanden. Zumeist hatte man die Wohnung voll mit zu vielen Gästen. Und nichts schmeckte wie zu Hause. Doch war es nicht trotzdem lustig? Oder vielleicht gerade deswegen.

Was hier wie ein charmanter Vergleich klingt, ist in Wahrheit eine luxuriöse Übertreibung in Vergleich zu dem, was den ambitionierten Smutje in der Pantry einer durchschnittlich großen Charteryacht erwartet. Konfrontiert mit einem maximal zweiflammigen Gasherd samt Mini-Backrohr, einem sehr einsamen Kochlöffel, einem nicht schneidenden Küchenmesser, ein paar mehr oder weniger lädierten Alu-Pfannen und -töpfen, heißt es improvisieren. Die überzeugend klingenden Versicherungen des Charter-Personals, selbstverständlich eine volle Reservegasflasche an Bord mitzuführen, sollte man stark bezweifeln und sich in jedem Fall selbst von ihrer Anwesenheit und Füllmenge überzeugen. Um jedoch die Entscheidung zwischen Gasthausessen und Konserven zu vermeiden, lohnt sich allemal das Kochen an Bord.

Was man nicht von zu Hause mit an Bord bringt, muss entweder in freier Wildbahn erbeutet, gepflückt, gesammelt, getauscht oder zu teils überhöhten Preisen gekauft werden. Es hat sich bewährt, Grundnahrungsmittel sowie alles, was nicht wirklich frisch benötigt wird, von zu Hause mitzunehmen. Dies gilt auch für Getränke, im Speziellen Dosenbier und eventuell Mineralwasser. Um frische Ware für einfache, aber schmackhafte Bordverpflegung zu erstehen, lohnt sich in den meisten Küstenorten und auch auf den größeren Kornaten-Inseln ein Spaziergang über den Marktplatz. Im Übrigen kein Programm für Spätaufsteher, da die Märkte in den frühen Morgenstunden geöffnet werden, dann nur wenige Stunden von regem Treiben erfüllt sind und meist gegen Mittag wieder schließen. Die gebotenen Waren sind von erlesener Qualität und nicht nur optisch ein Genuss. Wer nicht feilscht und handelt, ist selbst schuld. Wer es doch tut, erhält all die Köstlichkeiten wie Käse von der Insel Pag, dalmatinischen Rohschinken, frisches Obst und Gemüse sowie die feinsten Backwaren zu überraschend günstigen Preisen. Unbedingt zu probieren ist natürlich das reiche Angebot an Fisch und Meeresfrüchten.

Frische Gewürzkräuter wie Salbei, Thymian und Rosmarin erhält man praktisch überall als Geschenk von Mutter Natur. Oft hat auch ein netter Nachmittagsplausch mit den meist überaus gastfreundlichen Inselbewohnern bemerkenswerte kulinarische Folgen: eine Flasche kalt gepresstes Olivenöl, das eine oder andere Glas des mit Umsicht zu genießenden *Travarica* (Gewürzschnaps), hie und da ein Sack Kartoffeln, zuweilen sogar ein fangfrischer Fisch als Geschenk.

Immer mehr heimische Fischer bieten während der Saison spätabends oder frühmorgens Fischfangfahrten für Bootstouristen an. Unter dem Motto „Tintenfisch und Schnaps" erfreuen sich derartige Ausflugstouren großer Beliebtheit. Die frisch erlegte Beute wird dann von der Familie des Fischers in dessen Wohnzimmer zubereitet. Wer allerdings schon einmal daran gedacht hat, die selbst gefangenen Fische am Lagerfeuer in geselliger Runde zu grillen, sollte von dieser Idee Abstand nehmen. An den meisten Küstenzonen Kroatiens sowie im gesamten Kornaten-Archipel ist es unter höchster Strafandrohung verboten, Lagerfeuer zu errichten.

Nun gilt es, den Einkauf an Bord zu verstauen. Eine Tätigkeit, die man tunlichst den dazu geeigneten Crewmitgliedern überlassen sollte. Schnell lernen wir, dass in den Bilgen nicht nur die gleichnamigen Pumpen hausen, sondern sich vortrefflich Platz für Bier, Wasserflaschen und diverse Dosennahrung bietet. Die Beräumung des Kühlschranks und der Pantry-Schapps sollte logistisch gut durchdacht sein und vor allem müssen sämtliche Vorräte tatsächlich gut weggestaut werden, da sie andernfalls bei der ersten Krängung quer durchs Boot purzeln.

Zu guter Letzt stellt sich die Frage, wie man nun die Vorräte auf wenig Platz, ohne wirklich hilfreiche Küchengeräte, zu brauchbaren Gerichten verarbeitet. Dazu sind ein paar grundsätzliche Verhaltensmaßnahmen striktest einzuhalten: Der hoffentlich kardanisch befestigte Schiffsherd ist zu entriegeln und sein Drehbereich von Vorräten frei zu halten, damit er auch bei Schräglage gut ausschwingen und die Töpfe und Pfannen in der Horizontalen halten kann. Diese wiederum sollten jedenfalls mit Draht oder dazu geeigneten Vorrichtungen gut am Herd fixiert sein. Andernfalls muss man genügend Heftpflaster und Brandsalbe zur Erstversorgung von Brandwunden bereitlegen. Idealerweise wechseln sich Zweiergruppen von Crewmitgliedern tageweise beim Kochen ab. Nicht benötigte Crewmitglieder sind während des Kochvorgangs an Deck oder in den Kajüten zu stauen.

Wer diese paar Ratschläge von erfahrenen und leidenschaftlichen Smutjes einhält, wird bald erkennen, dass Kochen an Bord keine Qual sein muss, sondern ein launiges Erlebnis ist, bei dem durch viel Improvisationstalent und ein bisschen Kreativität die feinsten Köstlichkeiten zubereitet werden können. Und was gibt es Schöneres, als in einer lauen Sommernacht in einer einsamen Bucht im Cockpit unterm Sternenhimmel ein dreigängiges Menü mit lieben Menschen zu genießen?

RECHTS:
Segeln in Kroatien
NÄCHSTE SEITE:
Corrado Pellizzer, Rovinj
Restaurant auf der Insel Cres

23 Konobas auf einmal

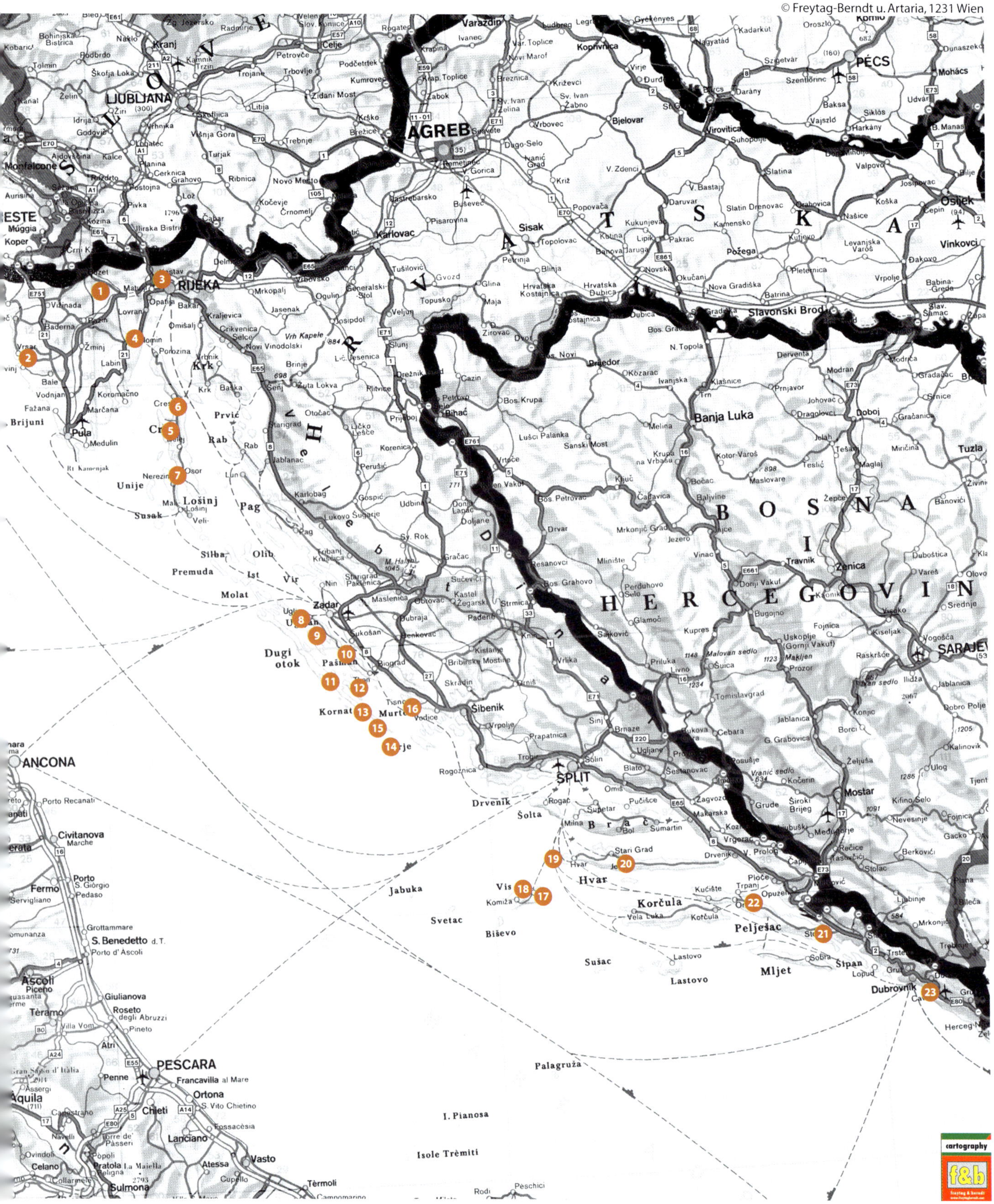
LJUBLJANA
ZAGREB
RIJEKA
Karlovac
Sisak
Bjelovar
Virovitica
PÉCS
Osijek
Vinkovci
Slavonski Brod
Banja Luka
Bihać
Zadar
Šibenik
SPLIT
Mostar
Dubrovnik
SARAJEVO
Zenica
Tuzla
ANCONA
PESCARA
Chieti
Pula
Brijuni
Krk
Rab
Pag
Lošinj
Unije
Susak
Silba
Olib
Premuda
Molat
Ist
Vir
Dugi otok
Kornat
Brač
Hvar
Vis
Komiža
Jabuka
Svetac
Biševo
Korčula
Pelješac
Lastovo
Sušac
Mljet
Palagruža
I. Pianosa
Isole Trèmiti
Šolta
Drvenik
Trieste
Koper
Civitanova Marche
Fermo
S. Benedetto d. T.
Ascoli Piceno
Tèramo
Giulianova
Lanciano
Vasto
Tèrmoli
Sulmona
Ortona
cartography
f&b

Toklarija

1

Sovinjsko Polje 11, Buzet
t ++385-052-663 031
Öffnungszeiten ganzjährig, 13–22 Uhr, Dienstag Ruhetag, Reservierung notwendig

Auf der Fahrt zu Ihrem Starthafen.

Wunderschön ländlich gelegenens Restaurant in einer mittelalterlichen Ölmühle, mit lauschigem Garten und ausgezeichnetem Essen.

Siehe Detailbeschreibung auf S. 141

Giannino

2

Ulica A. Ferri 38, 52210 Rovinj
t ++385-052-813 402
Öffnungszeiten Ostern bis Weihnachten, 11–15, 18–23 Uhr, Montag Ruhetag
Inhaber *Nereo und Giovanni Pellizzer*

45°05'N 13°38'E. ACI-Marina südlich des Stadthafens. Der Stadthafen selbst ist belegt. Nordhafen mit ca. 10 Anlegeplätzen. Ankermöglichkeit südlich der ACI-Marina in der Bucht von Lon.

Jeder in Rovinj kennt *Corrado Pellizzer*, den kommunikationsfreudigen Seniorchef des alteingessenen *Giannino*. Der Familienbetrieb, den inzwischen die Söhne übernommen haben, ist bekannt für seine zahlreichen Nudelgerichte in istrisch-italienischer Tradition. Die Spezialität des Hauses, *Tagliatelle mare-monti* mundet vorzüglich, aber auch die *Jakobsmuscheln vom Grill* und die *Seezunge mit Trüffeln* sind ausgezeichnet. Die engagierte Familie *Pellizzer* arbeitet mit ausgesuchten Fischern und Muschelsammlern zusammen und ist sehr bemüht, ihren Qualitätsstandard zu halten.

SIEHE VORHERIGE SEITE LINKS: *Corrado Pellizzer*

Kukuriku

3

Kastav 120, 51215 Kastav
t + f ++385-051-691 417
www.kukuriku.hr
Öffnungszeiten ganzjährig, 12–24 Uhr, Montag Ruhetag

45°20'N 14°19'E. Auf Ihrer Fahrt zum Starthafen oder Anlegemöglichkeit in Opatija. Der nördliche Stadthafen ist größtenteils belegt. Besser ist die südliche Marina *Admiral*. Taximöglichkeit zum Restaurant.

Das kulinarische Refugium von *Nenad Kukurin* lohnt unbedingt einen Besuch.

Siehe Detailbeschreibung auf S. 49

Benito 4

Mošćenička Draga 28, 51417 Mošćenička Draga

t ++385-051-737 502

Öffnungszeiten ganzjährig, 10–23 Uhr

45°14'N 14°16'E. Kostenpflichtige Anlegestellen am Hafenkai oder ankern vor dem Strand auf 10 m Wassertiefe.

Mošćenička Draga ist ein einladendes, altes Fischerdorf in der Kvarner Bucht und das sympathische Restaurant *Benito* liegt oberhalb des kleinen Hafens, mit Blick auf die Insel Cres. *Benito Kostadina* bietet solide, mediterrane Hausmannskost und empfiehlt besonders seinen Drachenkopf in Weißwein und frischeste Rotbarben vom Grill.

Na moru 5

Valun 65, Cres

t ++385-051-525 056

Öffnungszeiten April bis September, 11–23 Uhr

44°54'N 14°22'E. Anlegmöglichkeit im Hafen direkt vor dem malerischen Dörfchen Valun oder nordwestlich in der Bade- und Ankerbucht Nedomisje.

Das ins Wasser hinausgebaute Gasthaus von *Silvano Giordano Krivičić* hat hundertjährige Tradition und war ursprünglich eine einfache *konoba* mit 2 Tischen (die einzige vor Ort), in der Wein, Schnaps und etwas Käse angeboten worden sind. Sehr gute Grillgerichte, sowohl Fisch als auch Fleisch.

Bukaleta 6

Loznati, Insel Cres

t ++385-051-571 606

Öffnungszeiten Juni bis September, ab Mittag

44°57'N 14°25'E, Hauptort Cres. Geschützte Anlegeplätze bietet der nördliche Haupthafendamm, am Südende der Bucht befindet sich die Marina. Taximöglichkeit zum Restaurant.

Ausgezeichneter Lammwirt mit schönem Ausblick. Das Fleisch stammt aus eigener Zucht und wird im Steinofen vor dem Haus gebraten.

Siehe Detailbeschreibung auf S. 143

Bonifačić 7

Osor 64, Cres

t ++385-051-237 413 ++385-091-528 31 36

Öffnungszeiten ganzjährig außer Jänner, 10–23 Uhr

44°41,5'N 14°24'E. Auf der nördlichen Seite des Kanals von Osor ca. 15 Anlege- und Ankerplätze. Östlich des Kanals Ankermöglichkeiten in der Südbucht. Brückenöffnungszeiten: 9 und 17 Uhr

Im schönen Blumengarten des *Bonifačić* können Sie sich das Warten auf die Öffnung der Brücke von Osor auf angenehmste Weise verkürzen.

Siehe Detailbeschreibung auf S. 51

Barbara
8

23273 Preko, Insel Ugljan
t ++385-023-286 129
Öffnungszeiten Mai bis Juni, 16–24 Uhr; Juli bis September, 12–24 Uhr; Oktober bis April, am Wochenende

44°05'N 15°11,5'E. Die Konoba liegt am Uferweg zwischen Fährhafen und Ortskern. Im mittleren und nördlichen Hafen von Preko sind die Anlegeplätze gratis. Für Motorboote gibt es direkt vor der Konoba Anlegemöglichkeiten.

Sympathisch-solides Lokal mit sehr aufmerksamem Wirt.

Siehe Detailbeschreibung auf S. 52

Kod barba Tome
9

23271 Kukljica, Insel Ugljan
t ++385-091-563 28 76
ivan.kastela@zd.hinet.hr
Öffnungszeiten ganzjährig, 11–24 Uhr

44°02'N 15°15'E. An der Innenseite der Nordmole geschützte Anlegemöglichkeiten, im Sommer für Hotelgäste reserviert. Im Hafen genügend Liegeplätze mit Murings.

Sehr kreativ gestaltete Konoba mit einer engagierten, jungen Crew, die kulinarisch Einiges zu bieten hat.

Siehe Detailbeschreibung auf S. 99

Mureta
10

23262 Pašman, Insel Pašman
t ++385-023-260 057 ++385-098-925 59 03
Öffnungszeiten ganzjährig, 17–01 Uhr, im Sommer auch früher offen

43°57.5'N 15°23.5'E. Im Hafen von Pašman wird sich an der Innenseite der Mole immer ein Anlegeplatz finden. Hier haben Sie das klarste Wasser der Adria, da der Gezeitenstrom zwischen den Inseln besonders stark ist.

Wenn Sie eine authentische *konoba* suchen, sind sie bei *Ivan Bobić* richtig. Feine, kleine Gerichte, hauptsächlich kalt.

Siehe Detailbeschreibung auf S. 144

Mare
11

Vela Proversa, Insel Katina
t ++385-099-472 656
Öffnungszeiten Mai bis September, 10–24 Uhr

43°52.5'N 15°13.5'E. Zwischen Dugi otok und Kornat am nördlichen Anfang des Nationalparks Kornati gelegen. Von Nordosten kommend interessante Durchfahrt mit Peilsteinen. Vor dem Restaurant eine eigene Mole mit Murings, die gegen alle Windrichtungen geschützt ist. Atemberaubender Blick von der Spitze der Insel über die Kornaten.

Legendäres Lokal auf den Kornaten.

Siehe Detailbeschreibung auf S. 100

Bain

12

Luka Žut, Insel Žut

t ++385-098-294 125

Öffnungszeiten Mai bis September, 11–24 Uhr

43°52,5'N 15°19,5'E. Vor dem Restaurant liegt ein kleines Hafenbecken aus Stein mit Wassertiefen um 1 Meter. Anlegemöglichkeiten für Segelboote an der Außenseite, mit 4 Murings. Ankermöglichkeit in der Bucht von Strunac.

Der Wirt und Fischer Herr *Vijeko* ist bekannt für seine zahlreichen, speziellen Gerichte vom Seehecht. Den besonders feinen Geschmack führt er auf die Zubereitung mit Ölivenöl von der Insel Žut zurück, die bekannt ist für ihre guten Oliven.

Ante

13

Uvala Vrulje, Insel Kornat

t ++385-022-435 025 ++385-099-562 481

Öffnungszeiten Mai bis Oktober, 10–24 Uhr

43°48,5'N 15°18,5'E. Anlegen mit Murings an die Mole direkt vor dem Restaurant oder Ankermöglichkeit in der Bucht. Die Insel Kornat ist den ganzen Sommer über bewohnt und in Kürze sollen hier ein Kornaten-Museum und ein Aquarium eröffnet werden.

Lassen sie sich eine Einkehr bei *Ante Jerat* nicht entgehen. Er führt eines der besten Restaurants im Kornatenarchipel und bietet selbstverständlich fangfrischen Fisch.

Idro

14

Insel Lavsa

t ++385-099-438 726

Öffnungszeiten Juni bis September, 9–24 Uhr

43°45'N 15°22,5'E. Die Bucht von Lavsa ist sicher eine der geschütztesten Buchten der Kornaten. Eine einst auch den Römern bekannte Tatsache, und so haben Sie die Gelegenheit, über römischen Gemäuern zu ankern. Alle tausend Jahre senkt sich nämlich der Kornatenarchipel um 1 Meter. Vorsicht bei Bora, dann möglichst weit innen ankern.

Einfache, aber schmackhafte Fischgerichte.

Opat

15

Uvala Opat, Insel Kornat

t ++385-022-435 061 ++385-099-473 250

Öffnungszeiten Mai bis Oktober, 9–24 Uhr

43°44,5'N 15°27,5'E. Direkt vor dem Lokal gibt es gute Murings mit einem neuen Schwimmsteg. Weiter Bogen in der Mitte der Bucht.

Der Wirt *Mile Bošikov* war selbst Fischer, kennt den Kornatenarchipel sehr gut und hat viele Geschichten auf Lager. Ausgezeichnete Gerichte aus selbst gefangenem Fisch, aber auch aus Schaffleisch, unter der *peka*-Glocke gegart.

Tic-Tac

16

Murter/Hramina, Insel Murter

t ++385-022-435 230 ++385-098-278 494

Öffnungszeiten ganzjährig, 12–15, 17–24 Uhr

43°49,5′N 15°36′E. Marina *Hramina* direkt vor dem Ort und Marina *Betina* an der Ostseite. Im Hafen gibt es Gästeplätze und von dort haben Sie nur ein paar Schritte zum Lokal.

Das Restaurant von *Slobodan Pleslić* hat eine dreißigjährige Tradition und bietet eine ambitionierte Fischküche nach althergebrachten Rezepten der Insel Murter, aber auch mit Ausflügen in die mediterrane Küche anderer Länder. Der frisch gefangene Thunfisch wird als dalmatinische Sushi angeboten.

Stončica

17

Stončica Bucht, 21480 Vis, Insel Vis

t ++385-021-711 952 ++385-091-251 22 62

Öffnungszeiten April bis November, 0–24 Uhr

43°04′N 16°15′E. Östlich von Vis gelegene Bucht. Leicht anzusteuern, da der gleichnamige Leuchtturm den Weg weist. Guter Ankerplatz in der nur nach Norden offenen Bucht, am Buchtende allerdings sehr flach.

Sehr originelles Restaurant der vier Brüder *Lincir* in der hübschen, kleinen Bucht von Stončica, in dem Sie sich den Salat und die Tomaten selbst pflücken können.

Siehe Detailbeschreibung auf S. 107

Pojoda

18

Don C. Marasovica 8, 21480 Vis (Ortsteil Kut), Insel Vis

t + f ++385-021-711 575

Öffnungszeiten ganzjährig, 12–02 Uhr

43°04′N 16°12,5′E. Anlegemöglichkeit am netten, kleinen Kai von Kut, allerdings bei Bora und stürmischem Westwind nicht zu empfehlen. Ausweichmöglichkeiten bietet der Haupthafen Vis mit Murings, Strom und Wasser. Ein Spaziergang nach dem köstlichen Essen im *Pojoda* schadet nicht.

Sehr angenehmes Lokal mit überzeugend kreativer Küche.

Siehe Detailbeschreibung auf S. 103

Palmižana

19

Palmižana, Insel Sv. Klement, Pakleni otoci (Insel Hvar)

t ++385-021-717 270 ++385-099-478 311

Öffnungszeiten April bis Oktober, 11–23 Uhr

43°09,5′N 16°24′E. Ankermöglichkeit in Vinogradišće. ACI-Marina in der Palmižana Bucht. Für Fußgänger besteht die Möglichkeit, das regelmäßig verkehrende Taxi-Boot zu benützen.

Wem die Stadt Hvar zu voll ist, der sollte die westlich gelegene Insel Sv. Klement besuchen und bei *Dagmar Meneghello* in ihrem kreativ-bunten Restaurant *Palmižana* einkehren. Ein Fest für die Augen und vor allem ein Fest für den Magen, wenn der inseltypische Fischeintopf *gregada* auf den Tisch kommt.

Vrisnik

20

Vrisnik, 21465 Jelsa, Insel Hvar

t ++385-021-768 016 ++385-091-522 9949

Öffnungszeiten Mai bis September, 17–23 Uhr

43°09,5'N 16°42'E. Anlegemöglichkeit entweder in Jelsa mit Murings, Strom und Wasser oder in Vrboska am Dorfkai. Südlich des FKK-Inselchens Zečevo gibt es guten Ankergrund auf 7 Meter Wassertiefe.

Sympathische, kleine *konoba* mit nur wenigen Tischen, etwas im Inneren der Insel gelegen. Der sympathische Wirt *Andro Grgičević* bietet hausgemachte Salzsardinen mit Oregano und köstlichen Ziegenkäse in Öl.

Kapetanova kuća

21

Mali Ston, 20230 Ston

t ++385-020-754 264 ++385-020-754 555 *www.ostrea.hr*

Öffnungszeiten ganzjährig, 9–24 Uhr

42°51'N 17°42,5'E. Liegeplätze vor dem Rundturm, aber Achtung auf die Wassertiefe von nur 1 Meter.

In dem für seine hervorragenden Austern bekannten Ort Mali Ston, am Beginn der Halbinsel Pelješac, findet sich eines der renommiertesten Restaurants Kroatiens, das *Kapetanova kuća*. Die engagierte Besitzerfamilie *Kralj*, die auch das schöne Hotel *Ostrea* betreibt, bietet gediegene Küche in beschaulicher Umgebung und ist berühmt für ihr *Schwarzes Risotto*.

Mlinica

22

Obala pomorca 36, Orebić

t ++385-050-713 886

Öffnungszeiten 18–23 Uhr

42°58,5'N 17°10,5'E. Sehr schöne Anfahrt durch den Pelješki Kanal. Orebić ist ein Badeort mit langer Seefahrertradition, viele Schifffahrtskapitäne haben sich hier ihre Villen gebaut. Im Segelclub des Ortes gibt es Gästeplätze mit Murings.

Gemütliche Konoba in einer alten Ölmühle mit lauschigem Innenhof, die vor allem Gerichte unter der *peka*-Glocke anbietet. Etwas schwerer zu finden, am östlichen Ende der langen Uferpromenade, aber die Suche lohnt.

Taverna Galija

23

Vuličevićeva 1, 20210 Cavtat

t ++385-020-478 566 ++385-09-151 49 003

Öffnungszeiten April bis Oktober, 11–1 Uhr

42°35'N 18°13,5'E. Die westliche Bucht bildet einen guten Naturhafen mit Liegemöglichkeiten am Kai. Von der Terrasse am Meer aus bleiben die Boote im Blickwinkel. Ankern in der Tiha-Bucht an der östlichen Seite von Cavtat.

Mislav Burdelez hat mit seiner *Taverna Galija* und dem Angebot an frischesten rohen Meeresfrüchten einen ganz besonderen, kulinarischen Ort geschaffen.

Siehe Detailbeschreibung auf S. 109

Anhang

Košljun

Meerestierelexikon

Arbun, rumenac	Rotbrasse
Brancin	Wolfsbarsch
Bukva	Gelbstriemen
Cipal	Meeräsche
Fratar	Geißbrasse
Gavuni	Ährenfische
Gof	Holzmakrele
Grdobina, rošpo	Seeteufel
Iglica	Hornhecht
Inćun	Sardelle
Kantar	Streifenbrasse
Kirnja	Zackenbarsch
Kokotić, lastavica	Roter Knurrhahn
Kovač, šanpjer	Petersfisch
List	Seezunge
Orada, komarča	Goldbrasse
Oslić, mol	Seehecht
Pagar	Sackbrasse
Papalina	Sprotte
Pauk	Petermännchen
Raža	Dornrochen
Romb	Steinbutt
Sabljan	Schwertfisch
Salpa	Goldstriemen
Škrpina	Roter Drachenkopf
Lokarda, skuša,	Makrele
Srdela	Sardine
Trlja, barbun	Rotbarbe
Tuna, tunjevina	Thunfisch
Ugor	Meeraal
Zubatac	Zahnbrasse
Dagnje, mušule	Miesmuscheln
Grancigula	Seespinne
Hlap	Hummer
Hobotonica	Oktopus
Jastog	Languste
Kamenice	Austern
Kapesante	Jakobsmuscheln
Kosmaći	Krabben
Lignje	Kalmare
Motar	Seegras
Prstaci	Steinbohrermuscheln
Sipa	Tintenfisch
Škampi	Scampi

Quellenverzeichnis

Alberto Fortis (1741-1803), *Saggio d'osservazioni sopra l'isola di Cherso ed Ossero.* Venezia 1771 (*Ackerbau und Gartencultur,* zit. nach Kohl, Band 1, S. 17–19)

Fotonachweis

Andrea Bochdansky (S. 182, 183); Helmut Brandauer (S. 184), Aurelia Roher (Coverklappe)

Rezeptverzeichnis

Gemüse- und Nudelgerichte

Gerichte aus Fisch und Meeresfrüchten

Fleischgerichte

Desserts

Deutsches Rezeptregister

Kroatisches Rezeptregister

Wir danken

Architekturkeramik, 1070 Wien
Andrea Bochdansky, Wien
Zoran Brajčić, Vis
Fanny Brandauer, Wien
Gertrud Brandauer, Klagenfurt
Matthias Brandauer, Graz
Mislav Burdelez, Cavtat
Cyberlab, 1070 Wien
Vivian Gjurin, Wien
Hans Jörg Glinz, Graz
Ursula Huber, Wien
Ivan Javurek, Rovinj
Ante Jerolimov, Preko

Maja und Ivan Kaštela, Zadar
Annamaria und Ratko Katičić, Pitve
Rozario und Josiza Klarin, Preko
Moni van der Kleyn, Bad Waltersdorf
Restaurant „Konoba", 1080 Wien
Angelika Krabacher, Wien
Višnja und Sead Krupić, Zagreb
Antica Kučica, Loznati
Nenad Kukurin, Kastav
Christine Laggner, Wien
Tripo und Pave Lincir, Vis
Ozana Marcelić, Preko
Ivanka Markulin und Ile Zagorac, Wien

Gernot Mitter, Ried a. Riederberg
Boris Nemsic, Wien
Holger Reichert, Wien
Aurelia Roher, Wien
Claudia Schachner, Wien
Krešo Sokolić, Zagreb
Madeleine Swistelnicki, Wien
Lisi Toth und Fritz Schuster, Wien
Gilbert Waldner, Klagenfurt
Christine Wiesenhofer, Graz
Wieser Verlag, Klagenfurt
Josef Vinatzer, Zagreb
Ingrid Worenz, St. Georgen